你可以沒實力，但要懂戰略

你可以被別人當作敵人，但你不能成為「唯一」敵人。
從敵人間的矛盾中看到機遇，這就是以弱勝強的戰略智慧！

羅輯思維——歷史篇

羅振宇——著

Contents

讀歷史不是為了知道未來，
而是為了理解現實，
並對未來保持想像力。

第 1 章

我們為什麼要讀歷史？

培養歷史感的重要意義，就是幫助我們更好地理解現實。

《讀歷史，我可以學會什麼？》這本書裡，有兩個關於歷史的誤解。

第一個誤解，就是我們覺得歷史是有規律的，那些治亂興亡的背後，都可以總結出原因，然後就可以用來指導我們的行動。要不，怎麼司馬光給那部書起名叫《資治通鑑》呢？過去這麼說當然是有道理的，因為古代社會的變化比較緩慢，一代人的經驗當然可以分享給下一代使用。

但是，如果從比較大的尺度來看，所謂「鑑往知來」確實不太成立。比如，現在歷史學界的研究認為，明朝的滅亡是和氣候變化中的小冰期有關的，和南美洲銀礦枯竭導致的通貨緊縮也是有關的。你看，這種強烈影響歷史的因素，從《資治通鑑》上是看不到的。歷史展開的過程往往是出其不意，所以鴉片戰爭之後的李鴻章才說了那句著名的話：「三千年未有之變局。」

歷史學家如此熟知歷史，能不能更好地預測未來？耶魯歷史學教授斯萊德說過一番很有意思的話。

他說：「我們熟知歷史，所以知道一切都有可能發生，無法直視的黑暗、意料之外的光明。不過，知道這些只能使我們更好地解釋現實，並不能使我們更好地預測未來。未來沒有什麼會必然發生，因為不知道哪隻蝴蝶會怎樣扇動翅膀。熟知歷史，使我們知道人這種動物能幹得出什麼事來，使我們對未來更有想像力。普通人要麼不夠了解歷史，要麼遺忘了歷史，於是失去了對未來的想像力。」

所以，讀歷史不是為了知道未來，而是為了理解現實，並對未來保持想像力。

那讀歷史是不是就沒有什麼實際用處了呢？我們都知道，過去兩百年現代化的歷程，對人類文明面貌的改造實在是太大了。就拿財富效應來說，過去一百年的積累，可能是之前幾千年的總和。在這種情況下，看歷史還有什麼用？

但這麼說也不對。

養成一種「歷史感」很重要。什麼是歷史感？我理解，就是回到歷史上每一個人、每一代人當時的處境裡去，重新理解那些活過、掙扎過、死掉的人們在當時所面臨的約束下所取得的成就。

只有這樣看，你才會看到一個真實的現代文明。人類文明的爆發，確實是在過去兩百年，但是就像第五個包子你吃飽了，前四個包子並不是沒有用一樣。

《讀歷史，我可以學會什麼？》這本書裡有一段話，說得特別好：

「我們今天所傳承的遺產比此前任何時候都更為豐富。它比伯里克利的豐富，因為包含了他以後的希臘文化精華；比達文西的豐富，因為包含文藝復興的其他巨匠；比伏爾泰的豐富，因為包含了全部啟蒙運動的結晶。如果歷史有進步可言，那不是因為我們生下來時比前人更健康、更美好、更聰明，而是因為我們降生於更豐厚的遺產之中，被更高的底座托起，以此前知識和藝術的全部成就為基，隨著它上升。所謂歷史，就是這遺產的創造和記錄，而所謂進步，就是它的拓展、保存、傳承和使用。」

說得多好。我還想再引申一下，培養歷史感的重要意義，就是幫助我們更好地理解現實。

我們怎麼理解一個事物呢？比如，我眼前的這部電腦。我要理解它，並不只是要知道它本身。其實我做為一個文科生，對它內部的元器件、運算機理、軟件算法等的了解並不足夠多。我只是會用而已。

而我敢說，我了解這部電腦是為什麼？因為我了解它和世界的關係。我知道它是Apple公司出品的，我知道它裡面儲存了什麼文件。我在什麼情況下會用到這些文件？我帶它去過什麼地方？我通過它能幹什麼？等等。

其實，理解任何事物都是這樣，光知道它本身的樣子是不夠的，我們還要了解它和世界的聯繫。但是，只關注它和現實世界的聯繫，也是不夠的，我還要知道它和不同時間點上的人物和事件的聯繫。就像我為什麼要買這台Apple電腦。因為我知道Apple公司的歷史，因為我喜歡賈伯斯等等。你看，歷史不是過去了的人和事實，歷史就是現實的一部分，歷史是深度嵌入到我們對現實的理解中的。這就是歷史感的作用。

一件事在每個人嘴裡過一遍的時候
都要疊加自己的想像。

第 2 章

你知道的歷史真的可靠嗎？

所有的口語文化中，事實和想像之間的界限其實都很模糊。

歷史轉述，本來就是一件很困難的事情。比如希羅多德寫的關於埃及金字塔的記載，就不可靠。但這可不是說希羅多德這個人有問題，對於埃及人來說，希羅多德是一個外國人，而且隔了二千年的時間，難免有想像和附會的成分。

這讓我想起另外一件事，民國時期的歷史學界有一個古史辨派，也就是顧頡剛、錢玄同那批學者，他們系統地提出了一個理論——「歷史層累說」。也就是說，我們今天看到的古代歷史，是在轉述的過程中，逐漸地一層一層被累加上去的。越到後來，說的歷史就越久遠，越到後來，中心人物的故事就越豐富。說白了，在那個時代，歷史和神話很像，是靠一代代人往上穿鑿附會地加東西，才形成我們看到的模樣的，不太可信，所以古史辨派又被稱之為疑古學派。

最著名的例子，就是顧頡剛先生提出來的「大禹是條蟲」。中國人幾千年來都在講的古代聖王，堯舜禹中的大禹，是不是真實存在，在古史辨派看來，都是存疑的。當然在學術上關於這個問題有很多爭論，我們先不去管它。

古史辨派有一篇很有趣的文章，也是顧頡剛寫的，說孟姜女哭長城這個故事是怎麼來的。

孟姜女的故事中國人都很熟悉，她跟白蛇傳、梁山伯與祝英台、天仙配並稱「四大愛情故事」。說的是孟姜女的丈夫范喜良被抓去修長城，然後累死了，孟姜女思夫心切，千里迢迢去找，結果得知了丈夫已死的消息。一悲傷就哭了十天十夜，把長城給哭塌了，找到了范喜良的屍體，安頓好丈夫的屍骨之後，孟姜女又把秦始皇給罵了一通，然後跳海自盡。

據說孟姜女跳海的地方就在山海關，到現在那兒還有一座孟姜女的廟。你看，時間、地點、情節、人物，都是有鼻子有眼的。可顧頡剛先生一考證，發現這個故事剛開始只有一個模糊的影子，然後是一代代人穿鑿附會，才把它編成了今天這個樣子。

這個故事最早的版本，是一條不到四百字的歷史記載。說的事也很簡單，就是在春秋早期——跟秦始皇一點關係都沒有，早了四、五百年——當時齊國發動了一場戰爭，有一個叫杞梁的人戰死沙場。不久之後，齊國的國君和杞梁的遺孀偶遇，畢竟是自己間接把杞梁害死的嘛，齊國君主有點愧疚，就要當著杞梁妻子的面弔唁一下杞梁。但是杞梁的妻子回絕了，因為按那個時候的禮節，如果要弔唁應該上家裡去，而不能在郊外隨隨便便地來一下。

就是這麼簡單的故事，本來的意思是說杞梁的妻子是一個非常遵循禮制的人，但是就從這個模糊的影子開始，後面就一點點地發生層累變化。

這事是發生在春秋時期，到戰國的時候，第一個層累出現了。原先杞梁的妻子是不哭的，但是戰國的傳說當中她已經開始痛哭流涕了，甚至當地的一種歌調，都是以她來命名的。

到了西漢的時候，故事就更加具體了，杞梁的妻子不但哭了，而且把城牆都給哭塌了，連後來跳水自殺的情節也都有了，只不過不是在山海關。

到了唐朝，情節就更豐富了，杞梁夫婦直接穿越變成了秦朝人，杞梁妻也哭塌了城牆見到了白骨。

再往後發展，就跟我們熟知的版本差不多了，只不過杞梁妻有了一個正式的名字叫「孟姜」，杞梁也改頭換面變成了「范喜良」。總而言之，我們熟悉的那個「孟姜女哭長城」的故事，最早也是在明朝才完成的。

古時候人寫東西就是這樣，我們今天在乎的什麼著作權，他們是不在乎的。明明是自己寫的東西，要假裝是古人寫的，比如《黃帝內經》，是西漢人寫的，也要硬塞給上古的黃帝。

《三國志》裡有個段子也很有意思。話說曹丕，就是曹操的兒子霸占了袁紹的兒媳婦。曹操身邊的一個謀士孔融就看不下去了——就是那個四歲讓梨的孔融——於是他就告訴曹操，說這事沒什麼了不起，當年周武王推翻紂王之後，也曾把紂王的媳婦妲己賜給了自己的弟弟周公。孔融的本意是諷刺一下，結果曹操信以為真，還真去查典故去了。找了半天沒找到，就來問孔融，此事典出何處？孔融哈哈大笑說：「以今度之，想當然耳！」你讓兒子霸占人家媳婦，那想來古人也是這麼幹的啊。

其實這也不是中國文化的特點，在所有的口語文化中，事實和想像之間的界限其實都很模糊。

比如早年間我看過一本書。作者當時在藏區的黃河上漂流，有一次在一戶藏民家裡喝茶，主人就講起一件剛剛發生的事：一個黃河考察隊的船剛剛在鄂陵湖上沉沒，說這船在湖上飛速行駛，湖底的山尖把那條船像魚一樣從中間剖開，船像箭一樣沉了下去，講得充滿了細節，是繪聲繪色。但是沒過幾個小時，作者就遇到了那支考察隊，他們的船原來只是被一個橋墩撞翻了，有驚無險，沒有任何傷亡。

作者就感慨，這麼近的距離，這麼短的時間，一個消息就能變形到這個程度，可見口語文化的想像力。那戶藏民的主人肯定不是有意說謊，這就是文化傳統，一件事在每個人嘴裡過一遍的時候都要疊加自己的想像。

我今天說這個，並不是想重複古史辨派的結論，說古代歷史的記載都是不可信的。恰恰相反，這可能正是人類文明進步的一個重要原因，在歷史記載上的造假和層累，換一個角度看就是文化基因的變異和創造。

有一次，我問《浪潮之巔》作者吳軍老師：「你覺得人工智能在創造力上會徹底替代人類嗎？」吳軍老師說：「暫時看，不可能。」為什麼呢？他的答案很有意思，他說因為機器不會犯錯。

你想，根據進化論的原理，物種的演化就是一代代地抄襲上一代的基因。但是總會有抄錯的地方，那些有利於適應環境的錯誤就被保留下來，這就是物種演化的根本機制。

其實不僅是物種，人類所有的創造性進步也是這麼來的。不斷犯錯，不斷產生變異，在變異中再進行選擇，然後才有那麼一點點進步。因為機器暫時還不會犯錯，所以機器沒有根本上的創造性。

而人類和機器相比，不可靠，會犯錯，能想像，能層累地堆積各種想當然的東西，這恰恰是人類創造力的源泉。

每一個民族的命運都要在更宏觀的歷史演化中才能看得清楚。

第3章

歷史的蝴蝶效應

怎麼理解歷史的演化？

我們習慣於用興衰勝敗的角度來看人類和族群的命運，
但很多事情的背後，
最終的第一推動力也許遠遠在我們的視野之外。

張經緯老師的《四夷居中國》提出了觀察中國歷史的一個非常宏觀的視角：如果打通幾萬年的歷史，這群人是怎樣在東亞這片大陸上互動、遷徙，最後打造出我們今天看到的這個中國的？

《四夷居中國》這本書提醒我們，人類的始祖都是從非洲遷移過來的，是在以十萬年計的漫長過程中，逐步征服世界的。在中國這片土地上，只有一個先來後到的問題，沒有一個誰是華夏誰是夷狄的問題。中華民族是慢慢融合、慢慢打造出來的。就像書裡說的：「四夷便是中國，中國亦是四夷。」

比如，曹操北征烏桓成功，中原擊敗了草原，但是結果呢，烏桓的騎兵也成了曹操軍隊的主力，人口反向遷徙了。

再比如鮮卑人，他們本來是東漢打擊匈奴的雇傭軍，後來反客為主，在中原建立了一系列政權，包括北魏和北周，甚至後來的隋朝和唐朝，皇族都有鮮卑人的血統。你看，站遠了看，只有互動機制，沒有敵我勝敗。

當然，《四夷居中國》這本書不是跟我們講這個道理的，它的精采之處，是把這個互動機制給闡發出來了。這個機制就是「齒輪模型」。書中對這個模型的論述很細緻，我們這裡只說它最簡單的輪廓。

我們可以簡單地把東亞大陸理解成一個由齒輪構成的機械裝置。每一個族群生活的地盤和其他族群生活的地盤像齒輪一樣咬合，他們之間的衝突，不僅體現在他們交界的地方，還像齒輪傳動一樣，推動遠方的變化，體現為遠方一系列的政治經濟文化事件。

這麼說還是有點抽象，我們來舉一個例子。

春秋戰國的時候，我們知道有三個典故，分別是「烽火戲諸侯」、「干將莫邪」、「吳越爭霸」。一個發生在西北，兩個發生在東南，原本不挨著的三件事，按照齒輪模型，我們就能看出他們的關聯了。

首先說「烽火戲諸侯」。背後的故事是這樣的：西周的老家是在關中，就是今天的陝西中部。它受到西邊少數民族西戎的軍事壓力，最後西周失敗，造成了「周平王東遷」，搬到了洛陽，東周開始。

你看，這就是齒輪傳動的第一環，西戎的壓力，把周朝壓到了東部。周朝是把這個壓力躲開了，但是別忙，這個齒輪還在繼續轉動。西戎的壓力傳到誰身上了呢？就是秦國人。

秦國人本來是給周王養馬的，也比較能打，周王這一東遷，就說，你們秦國人不是能打嗎？給你們封個諸侯，你們留下來鎮守西邊吧。秦國人成了周人的背鍋俠，為他們頂住西方的壓力。

但是時間一長，西戎的軍事壓力也在壓迫秦國人。秦國人能去哪裡？也往東邊走，主要是兩個通道。第一個通道是往東北走，這就是晉國的方向。我們知道一個成語「秦晉之好」，聽起來好像是兩國聯姻，關係好得不得了，但是如果你仔細看看這個過程，其實充滿了摩擦和戰爭，只不過戰爭最後的解決方式是和親而已。所以，秦晉之好，背後還是軍事壓力的傳導機制。秦國人被西戎逼到了東邊，不得不和晉國互動。後來的秦滅六國，就是這個互動過程的後續發展。

還有另外一個方向，就是秦國人往東南方向走，和楚國人短兵相接。秦國進攻漢中谷地，將楚國人全部都趕了出去。

那楚國人會善罷甘休嗎？不會。但是他們不是向秦國人挑戰，而是反過來向東傳遞壓力。

《韓非子》中有個故事叫「楚莊王欲伐越」，說的是楚莊王看到越國國力衰弱，就要去攻打它。請注意，這個地方的越國，不是後來浙江那一帶的越國，而是在鄱陽湖一帶，就是今天江西北部一帶的干越國。那個時候有很多越國，也就是所謂的百越。

莊子聽說了這個事之後，就發了個評論，說你楚國自身也不怎麼好，剛被秦國打敗，現在還惦記別人。

回過頭來品味這件事，我們從中可以看出楚國人的行事邏輯，就是在與秦國交戰失利的情況下，不是選擇休養生息，君子報仇十年不晚，而是選擇通過掠奪男丁，來補充隊伍，重建軍威。楚國人最近的掠奪對象，就是與他國境接壤，位於鄱陽湖平原一帶的干越人。

這就提示到我們之前說的「干將莫邪」的故事，其實就是這個背景。干將莫邪是夫妻，他們很可能就是干越人，能鑄很好的寶劍。楚王不僅要他們給鑄劍，而且還把干將給殺了，後來他們的兒子持劍報仇，大概就是這麼個故事。這是個傳說，但是我們也可以隱約感受得到，這是楚國向其他國家索取人口、資源、技術的故事。

好，這是齒輪傳動的下一個環節，那接下來呢？干越人在楚國的壓力下繼續東遷，把鑄劍、鍛造兵器的技術傳導到更東方的吳國和越國。

你有沒有想過，為什麼中國歷史上的著名寶劍，除了我們剛才提到的「干將莫邪」，「越王劍」、「吳鉤」、「龍泉劍」等，都是來自吳越之地呢？這就是因為，善於鍛造兵器的干越人遷徙到了吳國和越國，把自己的精湛技藝融入這兩國的文化中了。吳國和越國，本來是邊陲小國，文化不發達，但是突然被注入了外來的技術能力，於是在春秋末期，又上演了精采的吳越爭霸的故事。

你看，我們這就把「烽火戲諸侯」、「干將莫邪」、「吳越爭霸」這三件事串起來了。本質上是東周人口從西向東，沿著地理上固定的通道進行流動的三個不同階段。而且它們背後的最終推手，其實是北方少數民族西戎。這是不是很像一個齒輪傳動的過程？

當然，剛才說的只是一個理論模型，其中的很多具體考證的細節，你要有興趣還是去看原書。

這個論證給我的啟發是，我們習慣於用興衰勝敗這個維度來看人類和族群的命運。但是如果跳開一看，其實很多事件的背後，都是一根力量傳導的鏈條。那個最終的第一推動力也許遠遠在我們的視野之外。

在歐亞大陸的歷史上，反覆上演著這樣的戲劇。比如在歷史研究中，還有兩個著名的說法：中國人打敗了匈奴，匈奴就去攻擊歐洲。中國人打敗了突厥，突厥也只好西遷，成了土耳其人的始祖。

每一個民族的命運都要在更宏觀的歷史演化中才能夠看得清楚。

羅馬帝國崩潰之後，
歐洲為什麼陷入了黑暗？
雖然有聖潔的信仰，
但是喪失了多樣性，愚昧遍地都是。

有人快樂地消費，有人辛苦地生產，
消費者擁有現在，生產者擁有未來。

第 4 章

一個大國是怎麼走向衰弱的？

今天我們在數千年後，再來回觀古羅馬史，尤其它衰亡的這一段，我們能得出什麼樣的啟示呢？也就是一個國家想要維持這種安定團結的大一統局面，那有兩件事情非做不可。第一件事情，保持流動性，讓下層的人看得到希望，讓上層的人感覺到榮譽。第二，在文化上做適當的引導和控制。

01

羅馬帝國的衰亡

——一個轉折點

不管我們的話題是古代的、現代的、中國的，還是外國的，我們的著眼點其實只有一個，那就是為當代中國人面對的形形色色的選擇處境確立一個參照物。請注意，僅僅是參照物，不是什麼答案。所以我們雖然講的是古羅馬歷史，但是我們是抱持著一顆中國心來講這個故事，我們希望能給當代的中國人一點點啟示。當我們把古羅馬帝國和中華帝國放在歷史的台盤上對比的時候，我們會發現這兩個帝國有一些非常有意味的神似之處。比方說，公元前後，凱撒、屋大維在搞政治體制改革；中國人也沒閒著，我們也在搞政治體制改革，這就是王莽的新朝，這王莽搞了個一場糊塗、烏煙瘴氣的政治體制改革。

但是不管政治體制改革的結果怎麼樣，他們隨後的歷史節奏完全一樣，就是在隨後的兩百年間，東西雙方在歐亞大陸的兩端，崛起了兩個繁榮、鼎盛、富足、統一的大帝國，那邊是古羅馬帝國的全盛期，這邊是東漢帝國，也不錯。

可是時光荏苒，日月穿梭，兩百年之後你再攤開地圖，你趴在地下一聽，你就會聽到一種不祥之音，在歷史深處發出。兩個帝國的頭頂都開始出現烏雲，其實一對比你會發現，也幾乎一樣。第一，無非是內亂，二〇八年，中國這邊赤壁大戰，奠定了三國鼎立的前期政治格局，西晉的時候短暫地統一了一下，隨後就是三百年的大分裂。古羅馬這邊也一樣，二〇〇年開始由盛轉衰，然後就是各種內亂、各種內戰，所謂三世紀危機就開始了。這是內部的情況。

外部的情況，這兩個倒楣蛋真是孿生姊妹，也一模一樣，都面對著北方蠻族的壓力。中國這邊不用說了，五胡亂華嘛，長達三百年，北方民族不斷地南下。這邊也一樣，北方的蠻族大兵壓境，所以這就觸及現代的地緣政治學當中的一個概念，叫地緣大錘，什麼意思呢？

就是在歐亞大陸這一片廣袤的領土上，它的文明的發祥地通常離海很近。但它內地還有縱深的腹地，在中亞的草原那一帶，經常會節奏性地興起一些草原民族，什麼匈奴、柔然，後來的蒙古，雖然文明不怎麼發達，但是武力很強盛，隨著什麼天災水旱，什麼小冰期的到來，他們就不停地像大錘一樣，敲擊這片大陸的邊緣，禍害這些邊緣的文明國家。

所以從公元二〇〇年開始，東西雙方這兩個帝國也面對著北方人的壓力，內部處境、外部處境都非常相似。可是這個時候，假設我們像一個游泳運動員一樣，一瞬躍入水中，過三百年再露頭，在泳池的那邊再露頭的時候，你再兩邊一看，你會發現，不認識，兩邊帝國的處境完全不一樣。

你看一下古羅馬帝國，五六八年的時候，東羅馬帝國的查士丁尼皇帝，正式被倫巴底人趕出了義大利半島。這是東羅馬帝國最後一次統一羅馬的努力，最後失敗。

西羅馬帝國早在一百年前，公元四七六年就已經滅亡了，這邊從此陷入了中世紀，長達一千多年的大分裂，直到今天也沒有統一。歐洲其實本來就是羅馬帝國，到今天也沒有統一。

可是中國這邊就不一樣，公元五八九年，也就是查士丁尼皇帝敗走義大利的二十年後，隋朝平滅了南邊的陳朝，成為一個統一的大帝國，隨後就迎來了盛唐。結果之後一千多年就再也沒有大的分裂了，中華文明基本上就以一個統一帝國的姿態立於世界民族之林。

問題就來了，為什麼呢？這三百年間到底發生了什麼呀？那邊就永遠陷入了分裂，這邊就永遠建立起了一個大一統帝國，這是什麼因素導致的呢？

讓我們坐時光穿梭機，回到公元二〇〇年前後，準確地講公元二一一年，古羅馬帝國的皇帝卡拉卡拉上台。

他老爹名叫賽維魯斯，著名的賽維魯斯大帝。賽維魯斯這個人一生南征北戰、東討西殺，到最後算是收拾金甌一片，給他的兒子留下一片非常穩定、安全的國土。老賽維魯斯在死的時候，把兒子叫到床邊：

兒啊，為父這一生對自己的評價還是很高的，現在給你留下這個攤子也是不錯的，但是為父有兩句好言語要吩咐於你啊。就是說遺言了，兩條：第一條，你要善待你的兄弟，兄弟和睦；第二條，你要善待你的士兵和百姓。兒啊，你聽明白沒有啊？

我聽明白了。

那我可以死了嗎？死吧。

死了。

這個卡拉卡拉上台之後，就開始執行他父親這兩條遺言，第一條，一定要對兄弟好，於是把兄弟叫進房間，趁老娘不在，老爹讓我對你好，我宰了你吧，把兄弟給殺了。就這麼個貨。

然後第二條呢，就是要對士兵和百姓好。卡拉卡拉想了大概足足一年，公元二一二年，他終於想出一個好主意，頒發了《安東尼努斯憲令》，他真名就叫安東尼努斯。這個憲令是什麼意思呢？就是把原來只有羅馬人擁有的公民權在全帝國境內，給所有的自由民眾開放。

他當年幹這個事的時候，確實哪兒都站得住。第一，對於宮廷，他在《安東尼努斯憲令》裡邊也講得明白，大家都為帝國作了貢獻，那我現在就要讓你們共同沐浴在羅馬公民這樣的一份榮譽之下，所以在道義上是沒有問題的。

第二，從道理上講也沒有問題。你想，羅馬帝國已經興起了，經過奧古斯都，已經兩百年了，很多外地的行省已經羅馬化了，無論語言、民俗、習慣，各方面跟你羅馬人沒有什麼區別。那既然如此，公民權就都發了吧。

更何況第三點，你原來的歷朝歷代的君主，從凱撒開始，甚至更早的君主，到奧古斯都都在這麼幹，不斷地想辦法把公民權發給那些作戰的士兵、有功的市民、新征服地區的士紳、酋長。所以乾脆，那要幹我們就幹一回狠的，都發了吧。

但是他在幹這件事情的時候，忘了兩百多年前凱撒的一句話，凱撒說，任何一個導致惡劣的、糟糕的結果的法令，它的初衷可能都是好的。那讀者可能會說，你羅胖子是不是把這個普發公民權作為羅馬帝國由盛轉衰的一個轉折點呢？沒錯。不像我們熟悉的中國歷史，一個帝國由盛轉衰，因為楊貴妃搗亂，因為安祿山太壞，然後一場轟轟烈烈的大血戰，王侯將相之間的政治鬥爭，甚至一些後宮「甄嬛傳」，導致一個帝國由盛轉衰。我們通常這樣理解歷史。

但是我們再來透視古羅馬史的時候，我們發現這個普發公民權，確實就可以視作羅馬由盛轉衰的一個轉折點。那為什麼呢？這就得說說古羅馬的公民權是怎麼回事。古希臘也有公民權，但是希臘的公民權和羅馬的公民權不是一回事。希臘人在公民權上的觀念非常保守，它是一個純粹的血緣觀念。什麼人能在雅典擁有公民權呢？就是你父母雙親都是雅典公民，那你才有公民權。

所以有一個古希臘著名的執政官，因為娶了一個外邦的女子，最後他生的孩子都沒有雅典的公民權。後來因為雅典公民覺得你實在做得太好了，這樣吧，作為一個特別的獎勵，才把公民權發給他兒子。所以希臘人在這方面是特別在乎，特別排外。

舉個簡單的例子，比如我們都知道蘇格拉底，蘇格拉底不是被雅典的法庭判決死刑，要喝毒酒嗎？老頭就是坐在牢裡不走。他的弟子說，看守這麼鬆就是要放你走，你走好不好？不走，就在這兒不走。後來據記載，這個老頭說，我們都是雅典公民，雅典定的那個法律，也是我同意的。我同意的法律，它判我死刑，那我怎麼能不死呢？

所以可以看得出，老蘇格拉底對於雅典公民權這份榮譽的珍視。

再看後來那個著名哲學家亞里斯多德，幾乎在雅典混了一輩子，為雅典做了很多很棒的事情，而且也是當時著名的知識分子，雅典人對他也是奉若神明。但是就因為他出生在馬其頓，他不是雅典人，所以他在雅典當了一輩子的外國人。後來他遇到了跟老蘇格拉底一樣的事情，被抓起來了，判他死刑。亞里斯多德說，跑吧，找個機會就溜了。這就是雅典的公民權概念。

從羅馬共和國之前的王政時期，羅馬人就會玩這一套，公民權這個問題不是我一家獨有的，只要我征服你，那我們來一點，當地的士紳、酋長，請你們到元老院，這裡有一個位子，您坐這裡。所以他在一邊征服、一邊融合的過程當中，用發放公民權的方式，推動了這個大帝國的融合。

凱撒征服高盧之後，就把當地的很多酋長弄到羅馬來，所以後來元老院開會，沒有翻譯都開不下去，到處是說外國語的，又不會說拉丁文。我在看史料的時候，看見很多羅馬皇帝都是這樣，他們反覆地跟元老院講，我們一定要開放公民權，我們要吸取古希臘的教訓，不能變成一個封閉的帝國，我們要讓外面的人、新征服地區的人看到希望。

羅馬皇帝到元老院去演講，開頭第一句是一句格式的話：元老院的開國父老和新晉紳士們。這句話就說明元老院隨時隨地都有新的血液補充進來，更不要談羅馬人的公民權了。

所以到奧古斯都，也就是屋大維時期，公民權的發放做為一項制度，已經被固定了下來。當時羅馬的軍隊分成兩種，一種是羅馬人的正規軍，正規軍之外，還有一些輔助兵。輔助兵就是由行省，包括新投靠的野蠻人，這些人構成。奧古斯都就跟他們講，好好幹，弟兄們，有希望，我們是待遇留人、事業留人、情感留人，怎麼留呢？好好幹，二十幾年、三十年後，我就發你們羅馬公民權。這些人一聽，這麼大的好事，於是就踏踏實實、忠心耿耿地幹。所以發放公民權一直是羅馬社會在上層和下層、羅馬和外邦之間獲得一種社會流動性的非常優秀的辦法。

到了卡拉卡拉，他想，這個辦法太好了，既然前人都這樣幹，那我們就來一個徹底的，我們就都發了吧。可是要知道，把公民權普發之後帶來的惡果就是發放公民權帶來的那個好處，就是羅馬社會獲得流動性這個好處，因為普發公民權又喪失掉了。

任何一個制度，當它把鎖釦打開之後，引發的那個邏輯鏈條會嘩啦嘩啦往前走，是不可逆的。就像一個小男孩，小時候把家裡鬧鐘給拆了，你會發現拆一地零件，理論上還能拼得回去，你有那個本事拼回去嗎？卡拉卡拉就幹了這麼一件事情，打開了這個鎖鏈，引發了一連串的連鎖反應。

我們來描述一下這個連鎖反應，首先稅制問題。不要以為公民權僅僅是權利，什麼叫公民？公民是負有責任的，我們培養一個現代公民好難的，因為他自治的精神和公德心，每一個公民本質上都是有一套稅制來配合的。當時的羅馬公民繳兩種稅，第一種叫遺產稅，5%；第二種叫奴隸解放稅。

仔細研究這兩個稅種，你會發現特別有意思，它本質上都是自願繳稅。奴隸解放稅什麼意思？就是我有一個奴隸，幹得太好了，忠心耿耿一輩子，這樣的人我願意給你自由身。那羅馬政府就說，你給他自由身，給我們這個城市增加了負擔，因此要繳城市擴容費。那麼，你既然要做好事，給奴隸自由身，你就要繳這筆錢；你不願意繳這個稅，那我就不解放奴隸。

第二個稅叫遺產稅，這不是我們今天理解的那個遺產稅。羅馬人的遺產稅，近親繼承遺產是不繳稅的，比如說我羅胖子死了，我一看，哎呀，申音同志還是不錯的，我願意把我的遺產的一部分交給申音。政府一看，你們兩個又不是親戚，你憑什麼給他呢？我就是跟他關係好啊，我願意給他。那不是近親，你就繳稅，這是5％的遺產稅。所以如果我不願意繳這個稅，那就不繳，遺產稅的本質實際上是臨死前對自己喜歡的人和機構的一種捐贈。這兩個稅制本質上是由公德心來催發出的稅制。

而沒有羅馬公民權的人就不是繳這種稅，他們繳10％，就是繳他們當地行省10％GDP，交給羅馬中央，就完了。所以這是兩種完全不同的稅制。可是普發公民權後這兩種稅制怎麼定位？總不能說羅馬公民也去繳那個10％的行省稅吧？那哪叫什麼普發公民權呢？是剝奪原來公民的公民權，所以它只能倒著來。普發公民權，所有的人都按原來的羅馬公民一樣，繳遺產稅和奴隸解放稅。

可是要知道，這種自願繳的稅，由公德心做為它的底座的稅種，有那麼好普及的？外省人沒有那種文化，甚至沒有那麼多奴隸。原來不用繳10％的稅了，繳稅這事自願，那我還是省點吧，所有人都把口袋捂死。卡拉卡拉一想，那不成啊，我吃什麼呀？我這中央得收稅。這麼著吧，漲點稅，從5％的遺產稅漲到10％。那羅馬原來的公民也不幹了，說憑什麼？歷朝歷代都這規矩，繳5％，您繳10％，那我就不繳了，我繳了我也沒有榮譽感，大家都是公民，憑什麼我們羅馬人繳？我們吃飽了撐的呀？所以我也不繳了。

當時社會上你不繳稅，等於你就不捐贈，不捐贈你就當不了官。羅馬人說，那就不當好了，不就是不作貢獻，我又沒有什麼特殊的身分，我為什麼要作貢獻？所以卡拉卡拉因為引發了羅馬人這種榮譽感的崩潰，很快就被軍隊給弄死了。

原來好好幹一輩子，能拿一個羅馬公民權，尤其是那些輔助兵種裡的，現在無所謂了，幹一天是一天，幹好幹壞一個樣，看皇帝不順眼，弄死就算了。因為羅馬皇帝跟我們中國人的皇帝不是一個概念，他沒有那種君權神授的合法性，沒有那種東方式帝王的威勢。那無非是大家擁戴你，你就當皇帝；不擁戴你，看你不順眼，搞死你就算了。

最後能夠亂到什麼樣？簡單說三句，就是羅馬人沒了榮耀，外省人沒了希望，軍隊沒了底線，最後就是這個結果。導致公元二一二年，《安東尼努斯憲令》出來之後，一直到戴克里先上台，這中間七十三年古羅馬帝國換了二十二任皇帝，其中只有兩任得以善終，其中一個還是病死的。那剩下二十個皇帝怎麼死的？都是被禁衛軍給弄死的。所以皇位已經變成一台絞肉機了，誰坐到那上面，用不了幾年或者幾個月，就不得好死。因為用中國古代史的一句話，叫治軍如弈棋，禁衛軍想讓你，就是棋子，想把你吃掉就吃掉，想給你將軍就將軍。對於一個皇帝的職位來說，這七十三年暗無天日。

其中最有名的，就是奧勒良，奧勒良這個人不得了，武功鼎盛，他繼位的時候國內已經是一片分崩離析了，埃及又出現一個埃及豔后，已經獨立了，西班牙也獨立了。但奧勒良就有本事用四年時間把全國再歸一統，等他辦完了到羅馬的凱旋儀式之後沒幾天，他周邊的將軍突然聽聞一個傳言，說這個皇帝要弄死我們，對我們不放心。因為確實不放心，你說已經殺了二十個皇帝，誰能放心？要弄死我們，那這樣吧，我們先弄死他吧。就在他軍功鼎盛、四年之後再次統一了羅馬之後，就活生生被這幫將軍給弄死了。

弄死之後怎麼辦？誰都不當皇帝，我有病啊，我當皇帝，我上去讓人弄死。元老院商量了五個月，沒推選出一個皇帝來。最後大家說怎麼辦，都不當，最後看塔西佗這個人不錯，熟悉世界史的人知道，有一個歷史學家叫塔西佗，沒錯，這個塔西佗就是那個歷史學家的後人。

這個塔西佗也老了，非常老，大家說，就你當皇帝合適。塔西佗說不，不幹，不幹，太危險，推辭了。後來大家就勸，你這麼大歲數，你又活不了多長，你就當吧。塔西佗說也是，我就當一任皇帝，而且我活不長了，你們也不必弄死我了。所以他當了一任皇帝，果然履行了自己用生命承諾的諾言，很快就死掉了。這是因為老，才保住了一條命，得以善終。

你說，一個帝國玩成了這樣，還怎麼往下玩啊？

02 羅馬帝國的衰亡——社會狀態

卡拉卡拉通過普發公民權的方式，斷送了古羅馬帝國上下階層流動性。千萬不能小看這個上下階層的流動性，對於一個大帝國政治的重要作用，它是讓上層社會獲得榮譽感、下層社會獲得希望的一個重要的黏結劑。在這方面，我們中國人就非常優秀，我們的老祖宗發明了一個最優秀的保持流動性的制度——科舉制。

隋文帝楊堅創辦這項制度，一直到一九〇五年才廢除，中間一千多年，真正考取科舉的人並不多，一共才十萬進士，但是這項制度綁定的人那可就多到難以計數，可以說這一千多年間，所有的士大夫，所有會舞文弄墨的人都被科舉制綁定在書齋，皓首窮經，都是為了這個前方微末的希望，用生命去攀爬。但只要你考，就意味著你有可能，你有希望，你就是社會的安定因素。怕的是沒希望，沒希望可不就成了不安定因素嗎？

所以唐太宗有一次在舉辦科舉的時候，站在城門樓子上一看，天下的舉子都到長安來應試，唐太宗非常得意地說，哈哈，天下英雄盡入吾彀中。什麼意思？上了我的當了。即使是在唐代，當時科舉制還不是特別發達，但是在上層社會，科舉帶來的那種榮耀也是一種文化風尚。當了進士之後，「春風得意馬蹄疾，一朝看盡長安花」，那是何等的榮耀！

武則天時代有一個宰相叫薛元超，這個人其實自己就是一個貴族，十幾歲就襲爵了，然後又來當了宰相，一直幹到退休，他居然說了這麼一段話：我這一生有三大憾事：第一，不曾娶五姓之女為妻，五姓就是當時的五個高門大族。第二，我不曾監修國史。第三是最遺憾的，我沒有考一個進士。可見在唐代的中期科舉已經有這樣的文化魅力。

這套制度運行到後期的時候你發現，簡直是奇葩一朵，天下英雄真的盡入彀中啊。給大家舉兩個例子，乾隆皇帝登基六十週年的時候，也就是一七九五年，他就說，哎呀，我們來考察一下，調查一下，全國有多少老人家還在參加科舉啊，我們賞點什麼呀，怎麼願意上我們家當？

一調查發現，七十歲以上還在考科舉的，一百二十二人。這還不嚇人，八十歲以上還在考科舉的，而且把三場都堅持下來了，就是鄉試、會試都幹完了，跑到北京還恨不得參加殿試的那種進士，居然有九十二個人！八十老翁，豁出命去，到生命的風燭殘年，還在被這套制度綁定。

在這一年之前的將近一百年，在一六九九年，也就是康熙年間，有一個廣東順德人，叫黃章。這老人家九十九歲還下考場，而且自己不能提燈籠了，讓自己的曾孫子提著一個燈籠，燈籠寫著四個大字，「百歲官場」。旁人就說，哎呀，老人家，你了不起啊，你這個人生真是輝煌。他說，這算什麼呀？這不是才鄉試嗎？三年後我還參加會試，我人生的頂點是我一百零二歲才達到的。一時傳為美談。

可是這美談之後，也夠辛酸的，一個人的生命就被這套制度嚴格綁定了。所以唐朝就有人寫了一首詩，「太宗皇帝真長策，賺得英雄盡白頭」。科舉雖殘忍，但是它的好處就是讓這個社會每一個人都看到前途，看到希望。

所以到了一九〇五年的時候，朝野上下、中外都有一個共識，那就是一定要把這個萬惡的科舉制度給廢掉，我們全中華民族齊心合力奔向現代化教育制度。可是萬萬沒有想到的是，當這項制度被從中華帝國的肌體當中抽離之後，帶來了一個意外結果，就是上下階層之間的流動性突然被崩斷了。

原來中國的底層社會、鄉村社會，是誰來治理？士紳、鄉紳，鄉紳的來源是什麼人？就是奔忙在科舉制度道路上的那些人，有的還沒有考取進士，沒有當成官，當舉人老爺，在鄉下因為有前途，他就不會胡來。有的是當完了官，老了，告老還鄉，化作春泥更護花，回到鄉里，老員外德高望重，他也不會胡來。雖然也有個別敗類，但是主流是好的，因為他們被一個榮譽體系綁架，所以他在鄉間主持公道，來維護鄉間的倫理秩序，這個鄉間就是一個良性系統。

可是等科舉制度廢掉，鄉間的讀書人也沒有上升之階了，那怎麼辦？那就比誰有錢，比誰有力量，誰家兒子多，打架打得過鄰居，就變成了土豪劣紳。所以一九二七年毛澤東在寫湖南農民運動考察報告的時候就發現，當時已經土豪劣紳遍地了，因為那一幫老士紳已經死絕了，剩下的就是那些什麼都不在乎，沒有任何榮譽感、也沒有希望的有力之士，在農村講「拳頭大的是哥哥」這套邏輯。

所以一個社會，尤其是一個大帝國，上下階層的流動性是多麼重要。不說中國了，我們回來說古羅馬史，七十三年殺了二十二個皇帝，再上任的這個皇帝叫戴克里先，也就是後期羅馬帝國鼎鼎大名的戴克里先大帝。他其實也不是什麼貴族，他老爹是一個農民，但是個苦出身，他有一股子狠勁，所以他上台之後，就有了「三招之亂」。

第一招，叫以亂治亂。你不是遍地烽火、到處叛亂嗎？那這麼著吧，我們國家分了吧，所以東西羅馬帝國就由他開始，把帝國一分為二，然後皇帝我們也別一個人當，我們弄四個人，兩個正皇帝，兩個副皇帝，我是老大，然後你們都得聽我的，但是你們分頭帶領軍隊，各處彈壓各種叛亂。基本上用的是這一招。

聽著這已經不是什麼正常的政體，跟土匪窩子有點像了。但沒辦法呀，因為各地的騷亂、各地的不安定因素都開始從底層泛起，他必須用皇帝帶領軍隊，直接就地鎮壓叛亂這種方式來處理國政，這叫以亂治亂。

第二招，叫以躲治亂。皇帝不都是讓禁衛軍給弄死的嗎？我才不要禁衛軍呢，我才不跟你打交道呢，他躲起來了。那他怎麼控制這個國家呢？他從東方帝國學了一招，蓄養宦官，就是閹人。要知道宦官這個群體有一個好處，首先他是一個家奴，我在，你就跟權力在一起，你就有榮耀，你出去吆五喝六；我不在，誰會用別人的家奴呢？我死就是你死了，所以你必定忠心耿耿。所以戴克里先就用了這一招，躲起來，用宦官號令天下，這也是一大發明。

第三大發明，就叫以威治亂。什麼意思呢？戴克里先說，過去羅馬皇帝那個玩法不能玩，你看看人家東邊，你看看人家中國，你看看人家波斯，那東方的君主人家多好。那古羅馬的皇帝叫皇帝，實際上這是今天翻譯的問題，我們沒有更好的詞來翻譯，叫皇帝，其實他本質上是第一公民。頭上戴一個皇冠，其實就是拿樹枝編一個條，那叫公民冠，你只不過是第一公民而已，只是一個榮銜，沒有東方君主式的那種君權神授式的威權。戴克里先說這不行，我得來東方式的那樣，所以把皇冠也換了，袍子也換了，你也不能稱我為第一公民了，你得稱我為主上等等，這都是戴克里先幹的。

古羅馬皇帝這個詞，其實是被我們兩種文化的翻譯系統搞亂了的一個概念。在戴克里先之前，古羅馬皇帝真的只是第一公民，要知道即使一直到羅馬帝國滅亡，從法理上講，以及當事人的認知，這個國家的主權仍然是在民而不在君。

所以古羅馬的簡稱是羅馬元老院和公民，這裡面沒有皇帝什麼事。皇帝只是一個大家擁戴出來或者選出來，來承擔特定責任的職務，你可不能說這個家產就是我的，不像劉邦，劉邦晚年跟他老爹說你看我掙下這份家業，跟我哥哥比怎麼樣啊？這是中國式的皇權概念。

古羅馬不是這樣，主權是在民的，而且皇帝也不好當。有一個著名的皇帝叫哈德良，也就是剛才提到的五賢君之一。這哥們有一次到澡堂洗澡，是的，皇帝到公共澡堂洗澡，脫光了跟大家一起搓澡。他就發現有一個人在牆上蹭，一看這不是打仗的時候我那個衛隊長嗎？百人隊的那個隊長。哈德良說你怎麼自己在那牆上蹭啊？你找個奴隸來幫你搓澡啊。那人說奴隸？我窮啊，我混得不好啊，你現在當皇上，對吧？哈德良說這樣不好，我送你一個奴隸吧，於是就送了一個奴隸給他。

第二天哈德良再跑到澡堂子洗澡，發現一百多人在牆上蹭，都是他原來的部屬，說你也送我一個奴隸吧。你看，過去古羅馬帝國的皇帝跟他的臣下是這種關係。

還有個例子，有一次哈德良在街上走，有一個女人喊住他，說哈德良我找你有事，我要跟你伸冤，要訴苦。哈德良說，過一陣子再說，我要開會去，太忙，太忙。女人就在身後喊，我跟你伸冤，你都不搭理我，那你還有什麼資格當我的皇帝啊？哈德良一聽，也是啊，馬上轉身，真就耐心地聽完了這個女人的訴苦。

你不要以為這是傳說，就是這樣。因為你如果沒有一個好名聲，老百姓為什麼要擁戴你啊？主權在民嘛。這是那個時候的皇帝。

可是到了戴克里先這個時候，整個皇權的性質為之一變，從此一種東方君主式的，以威權號令天下的這種君主的面目齜出了獠牙。所以戴克里先大帝基本上是用這種狠，用更強的控制來掌控這個帝國。但是效果怎麼樣呢？等戴克里先退休，然後死掉之後，四個皇帝打成一團，絞肉機又開始插上電運作了，這個帝國又開始瀕臨崩潰。

03 羅馬帝國的衰亡

——衰亡與啟示

剛才說到戴克里先用三招治亂，以亂治亂、以躲治亂、以威治亂，結果一點效果都沒有，人亡政息，他這兒前腳一退休、一死，仍然是打成一團，天下糜爛。那怎麼辦呀？這就說到羅馬帝國後期另一位重要的皇帝君士坦丁。今天的土耳其的首都叫伊斯坦堡，原名叫君士坦丁堡，用的就是此公的名字，君士坦丁大帝。當然「大帝」這個詞是後來基督教徒封給他的，原來就是君士坦丁皇帝。

他公元三〇六年上台一看，我的個老天啊，什麼招都使完了，沒有用啊，用刀、用劍，只能維持短暫的一個安定局面，那怎麼才能重歸古羅馬帝國的輝煌呢？他老人家和歷朝歷代所有統治者一樣，就奔著一條道去了，文化統一，思想控制，只有這一招才是釜底抽薪。於是君士坦丁就從口袋裡掏出了一個東西，這就叫基督教。

其實君士坦丁看中基督教，也是歷史的一個偶然。因為當時基督教並不像後來那麼壯大，它只是在帝國東部，還不是主流文化區的一個小教派而已。而且當時它的地位也非常尷尬，對於猶太教來說，這是分裂出去的小教派，異端，拚命打擊；然後羅馬皇帝也拚命打擊。就是處於那樣一個非常尷尬的地位，而且內部還分裂，人數也不是很多。

而且你想，它的幾個創始人在當時看來，並不算精英階層，耶穌自己是個木匠，混得比較好的是那個馬太，就是後來馬太效應那個人，馬太是個稅吏，就算是當官了，底層公務員。剩下什麼彼得、雅各、約翰，這幾個人都是漁夫，文化水平比較高一點的，就是那個會記帳，還會算算術的人，叫猶大，後來還叛變了。就這麼一個隊伍，耶穌和他的十二使徒。

當時為什麼君士坦丁看中了基督教，要扶持他們呢？原因很簡單，因為基督教特別抱團，他用耶穌的那種偉大的人格感召，形成了一個特別有精神凝聚力的集體，君士坦丁看中的就是這個。

給大家舉兩個例子，你比如說尼祿，就是迫害基督教徒，看不慣，迫害，羅馬一場大火之後，他就說肯定是基督教徒幹的，後來基督教徒說就是你幹的，雙方就幹起來了。那你跟皇帝幹哪有好下場呢？尼祿說，全部釘死在十字架上。所以你看，彼得，還有保羅，都是被尼祿釘死在十字架上。

彼得是什麼人呢？彼得其實後來是基督教會承認的第一任教皇，也就是基督教組織的第一任首領。彼得說釘死可以，但是我不能按照耶穌那個姿勢釘死，我不夠那個資格。這樣吧，你把我翻過來，我倒著被釘死。他在死的時候那種信仰都是如此偉大和決絕。

而且當時基督教會有一個規定，說凡是被羅馬皇帝迫害致死的教徒，我們都封聖，你們死後靈魂上天堂，封聖人。所以導致很多基督教徒前仆後繼，原來被迫害死就可以封聖人，那就主動去找迫害吧，就相當於自殺，飛蛾撲火。所以逼得後來基督教會不得不取消了這個規定，說以後不作就不會死，以後再主動這麼自殺的，我們不封聖人。所以你看，這是一個非常有戰鬥力，有向心性的組織。

君士坦丁就看中了基督教，於是就通過幾招，先是米蘭敕令，說宗教寬容，基督教徒也是人，人家信仰自由，咱們應該允許嘛。後來又搞了一個尼西亞會議，幫助基督教派，他們因為內部也有分裂，幫助一派打壓另一派，然後資助這一派，讓他的勢力壯大。

君士坦丁後來還幹了一件事，他建了君士坦丁堡，也就是現在的伊斯坦堡，那號稱是基督教之城，所有不是基督教徒的根本就不讓你進，他幾乎是用國家公權力的所有力量來扶持基督教。

這招有用沒用？當然有用，可是君士坦丁萬萬沒有想到，請神容易送神難。我們還聽過好像阿拉伯的一個故事，說有一個人看駱駝在外面，怕牠冷，說你進來點吧，進來點，把屁股挪進帳篷來點。最後結果就是駱駝把主人踢出了帳篷。整個羅馬帝國的後期史基本上我們都可以按照這個寓言來理解，是君士坦丁請神容易，把基督教請進了羅馬帝國的權力體系。但是結果是什麼呢？結果就是羅馬皇帝的威權被基督教一點一點地擠出了這個權力體系。

因為確實不需要你這個皇帝了，尤其是後來蠻族人入侵的時候，有一次蠻族人把羅馬城已經打下來了，圍攻，馬上就要屠城了。皇帝一點用都沒有，甚至都陣亡了，跑掉了。羅馬教皇出來了，羅馬教皇跟野蠻人說，這麼著吧，你看你們也挺可憐的，靈魂也不能得救，你們皈依基督教吧。然後呢，你們來一趟也不容易，我們羅馬人給你們一點銀子，我們這趟就這麼解決，你看好不好？

這個活應該誰幹？當然應該皇帝幹，你是皇帝，你應該給帝國帶來安全啊，你應該解人民於水火，解民於倒懸啊。但是皇帝失職，最後是由教皇以精神的力量，以上帝的感召來說服這幫野蠻人。那你說，你皇帝的存在還有什麼合法性呢？而且皇帝因為請出了這尊神，漸漸地，所有人都把崇拜的目光投向了這尊神，那結果是什麼呢？結果就沒人搭理皇帝了。

公元三九二年，當時羅馬帝國的皇帝叫狄奥多西，狄奥多西住在米蘭，其實後來羅馬帝國的皇帝多數都住在米蘭，不去羅馬，羅馬有元老院，太討厭了，而且那個時候皇帝自己威權化、神秘化，他也不會跟老百姓一起在澡堂子裡洗澡，所以就住在米蘭。這個狄奧多西跟米蘭的基督教的大主教安布羅西關係非常好，封他為國師，替他樹立神權。

那他最後什麼結果呢？舉個例子，三九二年在米蘭發生了一件事，有個賽車手，就相當於當時的著名運動員，有很多粉絲。這個賽車手因為出了事，官府就把他抓起來了，粉絲就不幹了，說抓我們的偶像，那不行，就鬧事。然後官府派人去彈壓，這幫粉絲就把這個官員給打死了。這狄奧多西一看那還了得，造反啊？弄死他，然後就派兵上去鎮壓，結果殺了好多人。

大國師一看這不行啊，我們基督教是講究仁愛為本啊，你怎麼能亂殺人呢？你得道歉。狄奧多西說不能道歉，這是皇權，殺了就殺了嘛，又不是對方沒有錯。主教說你得道歉。不道歉！好，不道歉，那我們就這麼辦，開除你的教籍，你永遠不許進教堂，永遠不許接近神壇。

雙方就這樣對峙了八個月，結果是皇帝投降，這位狄奧多西皇帝脫下自己的皇袍，穿上一襲白衫，跑到教堂門口向大主教道歉。道歉了半天，大主教出來遞給他一片麵包，相當於叫聖體，就是一個象徵物，表示我原諒你了。

雖然狄奧多西皇帝又可以重新進教堂了，但世俗的皇權從此再沒有任何權威，已經顏面掃地，跟新樹立起來的神權比已經不值一提。但是這一幕在後來的歐洲歷史上一再地重演，比如說一〇七七年，當時的教皇格里高利七世看德國比較亂，說以後你們神聖羅馬帝國的皇帝，你們也別管了，以後這權力都歸我了，我以後也可以廢除你們這皇帝。

當時那個神聖羅馬帝國的皇帝叫亨利四世，說那怎麼行，就跟教皇較勁。教皇說較勁是吧？這樣吧，絕罰。什麼叫絕罰？就是教皇能夠用的最狠的懲罰，絕罰意思就是死後靈魂不得上天堂。結果雙方又是對峙，對峙了很長時間之後，這位亨利四世不得不翻越阿爾卑斯山，在大雪天光著兩腳，在教皇的門口站了幾天幾夜，直到教皇說，行了吧，起來吧，跪安吧。然後亨利四世還說，哎呀，臣妾真的做不到呀。然後才被原諒。

這一幕在歐洲歷史上一再地重演，皇權在神權面前已經不值一提。就像前面講的那個比方，駱駝進了帳篷，而原來的主人已經滾出了帳外。

於是，古羅馬帝國就像被一陣風吹開的一片灰一樣，就這樣散失在古羅馬大陸上。羅馬帝國是這麼衰亡掉的。

我們不妨來復一下盤，看看古羅馬帝國是怎麼衰亡的。他們不是不想像中華帝國那樣，塑造一個大一統帝國，而且歷朝歷代的皇帝付出了艱苦卓絕的努力，只不過最後都失敗了。我們不是說大一統一定好，它有千般壞處，但畢竟有一樣好處，就是給老百姓塑造一個相對長期的、安定的生活局面。中國人不是有一句話嗎？寧做太平犬，不做亂世人。可是古羅馬帝國的皇帝沒有做到這一點，為什麼？

今天我們分析大概是有兩點原因。第一，上下階層之間的流動性喪失了，在這麼大的帝國之內，喪失流動性很可怕。第二，過於強烈的文化控制，喪失了多樣性。你看，原來羅馬帝國之內，是多神教，而由君士坦丁引進的基督教是一神教。這兩個宗教雖然都是宗教，本質可不一樣。多神教的神是一種什麼角色呢？是當人做出各自的努力的時候，神給你提供幫助。

所以古羅馬有一個特別有趣的神，叫夫妻調解神，大概是這個意思。夫妻雙方吵架，實在過不下去了，那就到夫妻調解神的神廟裡去拜一拜，去告解。但是這個神廟有一個規矩，就是你們兩個只能一個一個地說。所以丈夫先到那裡說，我這個老婆怎麼不像話，挨千刀的，怎麼怎麼著。說完之後，老婆才能說，然後我這個丈夫怎麼怎麼不像話，挨千刀的，怎麼怎麼著。

你看，這就塑造了一個機制，原來夫妻在家吵架的時候是你一句我一句，越吵火氣越大。但是到神廟，按規矩你不能那麼幹，只能一個一個說，所以夫妻雙方就有機會靜下心來聽對方對自己的意見。老婆聽著丈夫的告解，好像他說得也有點道理，他在外面賺錢好像也不是那麼容易。丈夫也是這個心態，這樣夫妻關係就容易和解。所以多神教的神是這個作用。

可是基督教就不一樣，上帝是超越於一切的超然存在。你想崇拜祂嗎？對不起，把你所有的身心、所有的生命全部匍匐在祂面前，全部交出去，沒有任何多樣性可言。所以到中世紀時期，那種基督教徒，你不能說他在精神上不聖潔、不偉大，但是他喪失了多樣性這個東西，就很可怕。就是你只要不按我這套想，弄死你，你就是女巫，燒死你，火刑柱伺候。是這套玩法，那多樣性就完蛋了。

所以在羅馬帝國崩潰之後，歐洲為什麼陷入了沉沉的黑暗？就是因為雖然有聖潔的信仰，但是因為喪失了多樣性，導致愚昧遍地都是。每一個人從出生到死，可能都沒離開過自己家十公里之外，大多數即使是諸侯，都大字不識一個，甚至沒有一張周邊地區的地圖可以走，是那樣的一個愚昧的局面。所以為什麼說中世紀是沉沉的黑暗，和這種過於強烈的精神控制是有關的。

你不能說中國的皇權沒有，也有的。但它要求的是你對我這個皇帝、對這個國家、對這個政權的認同就可以了。你只要交糧，皇糧國稅你繳了，正常地當差，然後不造反，然後接受我們儒家這一套說法，可以，剩下的你愛幹嘛幹嘛，你願意信佛教，吃齋念佛隨你；你願意當道士，燒香煉丹也隨你；你願意信個基督教也可以，中國歷史上很多那種小教派的傳播，所以思想相對自由。

今天我們在數千年後，再來回觀古羅馬史，尤其它衰亡的這一段，我們能得出什麼樣的啟示呢？也就是一個國家想要維持這種安定團結的大一統局面，有兩件事情非做不可。第一件事情，保持流動性，讓下層的人看得到希望，讓上層的人感覺到榮譽，這是一條；第二條，在文化和思想上做適當的引導和控制。

04

大航海時代的強國如何走向衰弱？

再來聊聊大航海時代崛起的兩個國家——西班牙和葡萄牙。這兩個國家在地理上屬歐洲的邊緣，人口不多，地方不大，但是在十六世紀，那是生機也勃勃，野心也勃勃。它們通過大航海，打通了東西方海上交通線，開拓出南北美洲兩個大陸，把全世界聯為一體，創造出兩個龐大的帝國。

想想真是不可思議。

要知道，十五世紀時的葡萄牙，人口只有一百萬左右，本身也沒有什麼重要資源。經過大航海，葡萄牙卻演變成龐大的帝國，版圖從南美的巴西，一直到東南亞的印度尼西亞，稱霸印度洋，一度壟斷了全球的香料貿易。

西班牙的國力比葡萄牙大得多，雖然起步稍晚，但帝國的成就比葡萄牙還要大。這就要說到兩個人，科爾特斯和皮薩羅，他們只率領少數部隊，就橫掃中美洲和南美洲，征服了人口數百萬的印第安人國家，簡直是奇蹟。巴西以外的整個拉丁美洲，都成為西班牙的殖民地，西班牙語和天主教文化傳播到整個大陸。

可是，我們中國人有句俗話說「先胖不算胖，後胖壓倒炕」。沒過多長時間，這兩個國家就被後起的英荷法德等國家超過。到了今天，西班牙、葡萄牙頂多也就算歐洲的二、三流國家。

興起得那麼快，衰落得又那麼快，為什麼呢？

先說葡萄牙，它的問題比較簡單，就是國家太小，人口太少。雖然建立起了橫跨幾大洲的帝國，但畢竟力不從心。小小的葡萄牙必須同時向東方、美洲和非洲派遣兵力，控制地盤。即使是幾千人的傷亡，對葡萄牙來說也是重大損失。

比如一五一四年，葡萄牙人在北非的據點被阿拉伯人攻陷，全城居民幾乎被殺光。葡萄牙就只好放棄北非，這是葡萄牙帝國衰落的開始。

到一五七八年，葡萄牙國王塞巴斯蒂安還想最後搏一下，舉全國之力組成十幾萬人的大軍進攻摩洛哥。結果慘敗，一半軍隊喪生，國王本人也陣亡。

葡萄牙從此元氣大傷。

一七五五年，里斯本大地震對葡萄牙的國力也是重大打擊。地震之後的火災把里斯本全城燒毀，死亡人數高達十萬人。葡萄牙著名航海家達伽馬的詳細航海紀錄，就是在這次火災中被燒掉的。

葡萄牙帝國從此一蹶不振。

相比起來，西班牙帝國的衰落就更值得分析。因為西班牙的國力比葡萄牙大得多，不是幾次小災難就能打擊的，一定另有原因。

現在看，大概有兩個原因。

第一個原因，在征服美洲殖民地的過程中，傳播天主教是西班牙人的主要動力之一。宗教的狂熱讓西班牙人幹勁十足，不怕艱難險阻，建成了龐大的帝國。

但成也蕭何敗也蕭何，西班牙人更加堅持狂熱的信仰。十五世紀以後，「宗教裁判所」在西歐其他國家趨於衰弱，但在西班牙卻不斷強化，各大城市紛紛建立宗教法庭。西班牙統治者把「鎮壓異端」，當成自己最重要的任務。

西班牙的宗教裁判所，活活燒死三萬五千人，受酷刑和服苦役超過三十萬人，被流放的更是高達五百萬人。整個西班牙國家都陷入宗教狂熱不能自拔，國家、社會因此付出了巨大代價。

還有一個更重要的原因，是他們對財富的處理方式。

西班牙人征服美洲的另一個重要動力，就是掠奪金銀。他們也確實從美洲得到了大量的金銀，整個殖民地期間，西班牙從美洲掠奪走了二百五十萬公斤黃金和一億公斤白銀。

這麼多錢，得來又這麼容易，簡直就是打開水龍頭，直接拿桶接著就可以了。比如一五一五年，當時西班牙在牙買加的總督，連總督也不幹了，拋棄牙買加也要跑到大陸上去挖金子。

那後果是什麼呢？就是和直接獲取金銀相比，任何生產活動都太艱苦、太漫長了。

有了金銀的西班牙人，就有大量的消費需求，但本國生產根本無法滿足，怎麼辦？

兩個辦法，第一是引進勞工，第二是進口。

當時在西班牙國內，從事生產勞動的往往都是外國人。大部分的木匠、泥瓦匠、石匠、制繩工，都是法國人；經營食品、羊毛、鐵器的，是熱那亞人。十七世紀中期，僅馬德里就有四萬外國工匠。

西班牙本國人寧可受窮，也不願意勞動。就算工作，他們也要找輕鬆的行業，滿足於少幹活就能餬口的生活方式。於是，在西班牙、葡萄牙滋生出一種被稱為「伊比利亞文化」的觀念。

這種觀念熱中享樂、鄙視生產、歧視勞動者，追求奢華、追求娛樂，從根本上講是一種反生產的文化形態。前幾年，巴西中央銀行行長還慨嘆說：我們（指巴西人）恐怕很難擺脫伊比利亞文化的影響。

還有一個，就是財富效應的紅杏出牆。剛才說到西班牙人滿足自己消費還有一個途徑，就是進口。從哪兒進口？從當時手工業比較發達的荷蘭和英國。

一六七五年，一位西班牙人得意地誇耀說：「讓倫敦滿意地生產纖維吧，讓荷蘭滿意地生產條紋布吧，讓佛羅倫斯滿意地生產衣服吧，讓西印度群島生產海狸皮吧……馬德里是所有議會的女王，整個世界服侍她，而她不必為任何人服務。」結果，荷蘭、英國的手工工場迅速興旺起來。西班牙人從美洲弄來大量金銀，但只是過路財神，荷蘭、英國卻成了最終的受益者。它們的生產發展起來，在生產的推動下，英荷兩國的政治持續改良，最終成為真正的強國，後來居上。

你看，財富這個東西，其實是有兩副面孔的。來自美洲的金銀，在西班牙只是用來消費的金錢。但是在英國和荷蘭呢？財富轉化為投資，成為發展生產所需的資本。

當財富只是金錢的時候，消費完了就完了，什麼也沒有留下。而當財富是資本的時候，它就像血液一樣，在整個社會的體內流轉。不僅生產出新的財富，而且還養活了大量的人口。不僅養活大量的人口，還讓這些人參與廣泛的協作，建構起有活力的社會組織。不僅有廣泛的協作，還在為整個社會積累知識和制度環境，最後才是國強民富。

這就要說到我們中國了。

前些年有一個主流的聲音說，我們中國雖然是世界工廠，但是幹的都是苦活、髒活、累活，利潤還非常微薄。我們生產的東西漂洋過海到了美國，美國就印點花花綠綠的美元給我們，我們還要把美元再去買美國的國債。到最後，其實是空忙一場。

是空忙一場嗎？當然不是。

這些年我們親眼所見，中國製造從只會生產點塑料盆、衣服、襪子，到建立起空前強大的生產體系，幾乎什麼都能生產。大量的農業人口轉化成了工業人口，參與到全球的協作鏈條中。這就是實實在在的財富效應。

當然美國並不是西班牙，但是幾百年前的那一幕，確實也在以另外一種形式上演。有人快樂地消費，有人辛苦地生產，消費者擁有現在，而生產者擁有未來。

小國想要生存，
要和環境保持正和博弈關係，
不能你多一點，
別人就必然少一點。

第 5 章
小國的生存之道

天下勢，分分合合，必有其因，因一變，則分合大勢也隨之而變。

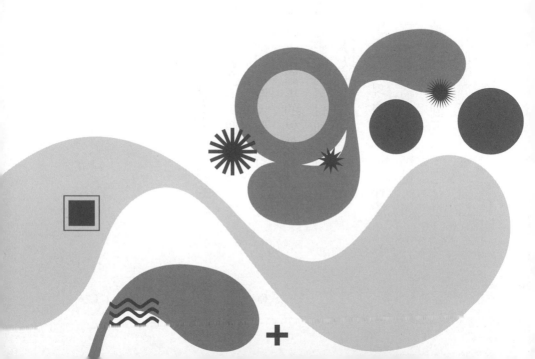

01 正和博弈與獨占資源

一個國家，或者一個組織，它汲取資源的方式不同，就會導致不同的社會形態和文化風格。例如，羅馬和中國，一個是戰爭掠奪型，一個是農業生產型，結果呢？往淺的說，就是建築風格的巨大差異，一個是以大型的石質立體建築為主，一個是以木質的平面建築為主。往深裡說，當羅馬的對外戰爭空間越來越小時，國家維持就越來越難，最終分崩離析。中國則可以通過自我生產不斷地進行重組，所以，王朝雖然會滅亡，但文明卻得以延續。

其實，這個道理，還可以用來解釋現代社會中另一個現象，就是為什麼有很多小國還保留了君主制。比如，在法國南部就有一個小國，叫摩納哥，領土只有兩平方公里，差不多只有四個故宮那麼大，總人口還不到五萬。它是世界上倒數第二小的國家，倒數第一是梵蒂岡。還有一個叫列支敦斯登，面積一百六十平方公里，也就比北京昌平區大一點，人口不到四十萬，是世界上倒數第六小的國家。

這種小國的存在，我們生活在中國是很難想像的，我們是大國，他們太小了。可是，你可別小看這兩個小國，他們在世界人均GDP的排名上非常靠前。摩納哥的人均GDP有十七、八萬美元，也就是一百多萬人民幣，是美國的好幾倍。

這裡面就有一個問題，這麼小的國家為什麼在二十一世紀還保留了君主制？

你可能會說，這有什麼奇怪的？英國和日本不也保留了君主制嗎？但還是有兩點不一樣的。

第一，英國和日本的君主制，王室就是一個象徵性的存在，沒什麼實際作用。但是在這些小國，王室是真正掌權的，比如列支敦斯登，它的國王，也就是公爵，不僅憲法明文規定掌握最高權力，而且在實際的政治生活中是有很大發言權的。

第二，供養一個王室，其實是很貴的，就是一些面子工程，也很花錢的。這筆負擔，在大國和小國之間完全不是一個概念。英國是大國，每人每年出六十五個便士，就把王室給養了。王室，對英國人來說，不僅不是負擔，而且還是品牌資產。王子談戀愛了，舉辦婚禮了，生小王子了，都是大新聞，甚至還能給英國創造旅遊和廣告收入，這就是大國的強項。

但是，摩納哥是個小國，雖然人均GDP世界第一，但是總量少，僅僅摩納哥國王一個人的財產，就占到全年GDP的六分之一到十分之一，更別說整個王室了。你要這麼算，摩納哥人供養王室的負擔遠遠高過英國，列支敦斯登也是如此。

可是，我們看，摩納哥人不僅對王室沒有不滿和怨憤，而且關係還不錯，國王不結婚生子，全國人民都替他著急。

往深了想，還有一個問題，也很奇怪。我們都知道，歐洲從遍地小國的中世紀到現在，合併重組是地緣政治演化的主流。而摩納哥這樣的小國，在軍事上完全沒有自我保護能力。像列支敦斯登，就沒有軍隊，連警察也只有八十三名，相當於我們中國一個大一點的派出所。那你說，它四周都是強國，為什麼還能保持獨立？要知道，在歷史上，歐洲那幫國家可不是什麼善男信女，像波蘭就被先後瓜分過三次。

怎麼解釋這兩個問題？就是君主制的問題，和獨立存在的問題，這還得從它們的資源汲取方式中去找答案。

摩納哥的支柱產業是博彩，也就是賭博。一八五七年的時候，摩納哥陷入了經濟危機，當時的國王沒辦法，就在當地建了個賭場，漸漸地摩納哥就成了歐洲的賭博聖地，現在摩納哥已經是世界四大賭城之一，其他三個分別是澳門、拉斯維加斯和大西洋城。

列支敦斯登也差不多，它的支柱產業是郵票業，可不僅僅是普通郵票，還有很多收藏性質的郵票。列支敦斯登的郵票業發達到什麼程度？一版設計精良的郵票，從生產到售賣，最快可以不超過一個小時。

和其他產業相比，賭博和郵票有什麼特殊的地方嗎？還真有，賭博和郵票，不僅有很高的利潤，郵票就是那麼一張小紙，而且都是賺外國人的錢。像摩納哥當地的法律就規定，本國人是不能進賭場的。郵票也是，生產那麼多郵票，主要也是賣向國外的。

這樣一來，國民和王室的關係就變了。像英國女王花一分錢，都是英國人納稅的一部分，不管是多是少，英女王和英國人的關係都是零和博弈。是從我賺的錢中，拿一部分出去，給王室花。

但是，摩納哥和列支敦斯登不一樣，它們是國王和國民一起賺外國人的錢，然後大家一起坐下來好好分。這種模式雖然也是此消彼長，但是，從我已經有的裡面扣一部分出來，和我們賺了錢，你多拿一點，我少拿一點，在感受上還是很不一樣的。更何況，民少國富，這些錢足夠分了。

所以，正因為國家內部在經濟上是用這種方式鏈接，這些國家的人願意讓王室繼續存在著，這就是君主制存留到今天的主要原因。

另外一個問題，這些小國為什麼能保持獨立？還是要在經濟形態上找答案。

如果它們幹的是實體產業，什麼製造業、能源業，就必須依賴協作網絡。這對國家政治來說，可不見得是什麼好事。經濟聯繫強的兩個地區就很容易在政治上被統一起來，有內在的需求。

比如德國。德國在中世紀時期也是處在四分五裂的狀態，但是這些地區的主要產業是鋼鐵和手工製造業，這類產業，第一需要依賴資源產地，比如煤和鐵；第二需要依賴巨大的消費市場，比如鋼鐵產業就是供給手工製造業的，而手工製造業又要把產品賣給廣大農村地區。所以這些產業中心總是跟周邊地區之間存在密切的聯繫，那麼它們被統一到一起，從經濟上講就是順理成章的事，只不過政治家、軍事家把活幹了而已。

但是，賭博和郵票業不一樣，在業務上，摩納哥對任何一個國家都不依賴，美國人不來，法國人會來，法國人不來，還有英國人呢。同樣，也沒有哪一個國家會對列支敦斯登的郵票有什麼剛需，那只是一個消遣，有就有，沒有就算。所以，大家可以各取所需，相安無事。更重要的是，你占領有礦山和工廠的國土，有實際的收益。但如果你強行對摩納哥軍事占領，很有可能賭城就毀了，大家都不來了，你也就什麼也撈不到。

君主制在今天的世界政治中，已經沒有什麼合理性了。

但是為什麼在特定情況下它還能存活下來？因為任何長久的、安全的、獨立的存在，都取決於兩點：第一，和環境保持正和博弈關係，不能你多一點，別人就必然少一點。第二，你真正可以依賴的，不是那些有形的、脫離了你仍然可以存在的資源，而是離開你就不轉，和你一體的資源。比如說，品牌資產、創造力等等。

02 獨立小國的紅利

西班牙的加泰隆尼亞要獨立的事，大家可能有耳聞。很多人都沒聽說過加泰隆尼亞這個地方，其實你就簡單地理解成巴塞隆那就行。西班牙名城，經濟發達，有著名足球隊，開過奧運會，就那個城市再加上周邊地區，叫加泰隆尼亞地區。

加泰隆尼亞為什麼要獨立呢？說來話長。

歐洲在戰後，一直努力搞聯合。從最開始法德的煤鋼聯盟，到後來的歐共體，到歐盟，到歐元。多少代政治家孜孜以求的，都是聯合。我們中國人最理解聯合的好處。聯合了，戰爭就少，市場就大，對外力量就強，日子就過得安生了。

可是，為什麼歐洲這些年還有一個並行的相反趨勢呢？就是國家越來越多，小國要求獨立的呼聲越來越高。

比如捷克斯洛伐克，本來就是一個小國，但居然進一步分成了捷克和斯洛伐克兩個獨立國家。冷戰結束以後，東歐地區出現了一批新獨立的小國家。除了專門的國際政治研究者以外，大部分人可能還沒來得及記住這些新國家的名字。

為什麼會有獨立和統一，兩個相反的趨勢呢？

諾貝爾經濟學獎得主、美國經濟學家蓋瑞·貝克曾經分析過這個問題。貝克是經濟學家，所以他作出的也是經濟分析。所謂經濟分析，其實就是成本收益分析。貝克指出，小國之所以熱中獨立，就是因為建立獨立國家的成本大大降低了。

一個地方想要獨立成國家，面對的主要問題，無非是生存和發展兩大方面。我們分別分析一下，先說生存問題。

對一個國家來說，生存問題也就是國家安全問題。從中世紀到二十世紀，國際秩序的特點一言以蔽之，就是弱肉強食的叢林法則。在這種激烈、殘酷的國際競爭中，小國是很難生存的，抱團取暖才是正路。

所以在歐洲，十八、十九世紀的政治主旋律一直是統一。小的政治體組成大的國家，然後才能在國際競爭中靠規模取得優勢。

一七〇七年英格蘭和蘇格蘭合併，一八六一年義大利統一，一八七一年德國統一。在歐洲的西南部，也就是伊比利亞半島上，別說加泰隆尼亞，就連葡萄牙也一度和西班牙合併。

加泰隆尼亞是在一七一四年併入西班牙的，之前加泰隆尼亞人激烈抵抗了十幾個月，但終於胳膊拗不過大腿，還是以投降歸順告終。弱肉強食的環境中，小國家國小、人少、力量弱，根本承擔不了國家獨立所需的軍事成本，要麼被人吞併，要麼主動加入大國。中世紀以來，歐洲大量的獨立政治體就這樣合併成了少數幾個大國。

留存下來的小國，要麼是像瑞士這樣地形特殊且實力強硬的，要麼是像列支敦斯登、摩納哥、梵蒂岡這樣在大國夾縫中，適合某種特殊政治需要的微型國家。

但是二戰以後，國家安全的成本發生了重大變化——有利於小國家的變化。五大國主持下的聯合國，確立了領土神聖不可侵犯的原則。從那時起，一國憑藉武力優勢隨意侵占別國，已經成為國際犯罪行為，將受到大國的武力打擊。

換句話說，一個小國，即使沒什麼武裝力量，大國也不敢隨便吞併你，那我為什麼還要抱團取暖呢？這是小國獨立的一個原因，安全成本降低了。

我們再來看第二個方面，在經濟發展方面，獨立小國的成本也大大降低了。一個地方要想成為獨立國家，必須能確保解決國內人民的衣食住行和生產等各方面的需求。解決途徑，無非自己生產，或者從外國購買。

在原來弱肉強食的條件下，從外國購買國計民生的重要物資，簡直就是受制於人，隨時都可能被人卡住脖子，不確定性太大了。所以，最好能把原料、燃料、生產地、消費地等組成一個統一的政治體，這樣才有利於經濟發展。

比如十九世紀，德意志各邦國正是這樣逐漸走向統一的。它們先是建立關稅同盟，減少各邦國之間貿易的成本，然後在普魯士主導下，逐漸聯合，最終成了統一的德國。

魯爾的煤炭、漢堡的港口、法蘭克福的金融、普魯士的軍隊、東部的農業等，整合在一起，德國經濟獲得了巨大的推動力，一舉超越了英國和法國。冷戰中，美蘇雙方也分別組成了華約和北約。這兩大組織既是軍事同盟，也是共同市場，不僅共享航母、坦克、大炮，也共享各種經濟資源和消費市場。所以這個時候，保持大國的統一就特別必要，即使是發達地區，也需要抱團取暖。

但是，冷戰結束以後，整體的國際局勢大大緩和，情況就發生變化了。其中最核心的因素是技術。《貨櫃與航運》這本書提到，因為現代技術的推廣，世界範圍內的運輸成本下降到原來的百分之幾。對很多商品來說，跨越大洋的運輸成本幾乎可以忽略不計了。

這些變化造成國際分工的迅速深化，而國際分工的深化非常有利於小國家。因為，如果國際分工不深，各國就要維持較高的經濟自主性，很多生產和消費要靠自己，對小國當然很不利。

但國際分工很深的話，小國的不利就不存在了。小國生產所需的各種資源，可以方便地從其他國家進口；生產出來的產品，可以方便地銷往其他國家。這樣一來，小國的優勢反而顯現出來了。

還有一層，國家小，可以專心於少數幾個行業，在技術、成本、質量上取得過人之處，所謂一招鮮，吃遍天。更重要的是，國家小，內部一致性就比較高，社會矛盾比大國要緩和很多。

相比起來，大國因為內部的各種多樣性，各階層、族群、種族方面的矛盾非常複雜。這時候，大國內部的那些經濟相對發達，但是對國家認同感又不高的地區，比如剛才提到的西班牙的加泰隆尼亞地區，當然就蠢蠢欲動了。

國家的其他部分，在它們看來，已經是給自己添包袱的窮親戚了，獨立的訴求就又出現了。

當然，上面僅僅是貝克從經濟學角度進行的分析。從長期來看，會不會整個世界都因為這些趨勢走向分崩離析呢？

當然不會。即使僅僅從經濟學角度分析，剛才講的那兩個條件，也在不斷的演化過程中。

比如安全。小國的安全成本下降，這是因為大國在幫他們扛安全成本，其中主要是美國。但是美國會不會一直願意把這副擔子挑在肩上呢？至少從目前川普政府來看，美國不會。

天下沒有免費的午餐，世界大國關係在不斷變化中，小國的安全環境也會隨之變化。

再來看經濟發展，也是一樣。因為國際分工不會一直均勻地在全球平鋪，很多原來沒有的演化維度正在出現。

比如中國的崛起帶來的變化，再比如大公司主導的全球供應鏈正在取代國家間的貿易……等等。這些因素都會影響小國的獨立存在。

《三國演義》裡有句著名的話：天下大勢，分久必合，合久必分。延伸到剛才的話題，世界上那些小國的命運，我們也可以說一句——

天下勢，分分合合，必有其因，因一變，則分合大勢也隨之而變。

像制度、
成本和戰略等反覆出現的、
規律性的要素，
可能永遠值得我們思考，
也永遠沒有止境。

第 6 章

從美國崛起
看大國崛起之路

美國人也有貪欲。

01

「消失」的邊疆

——早期拓疆

學術界有個詞，叫「問題意識」，也就是你研究一個領域，要帶有一個明確的、有現實意義的問題。那徐棄鬱為什麼挑選這個階段的美國來寫他的《帝國定型》呢，他的「問題意識」是什麼？

我們先來看看那個階段的美國發生了什麼？

第一眼看過去，全是好事。南北戰爭結束之後，美國國內隔閡打破了，國內市場整合了，這本身就是發展的好基礎。美國人也走運，這個時候正好又遇到第二次工業革命，也就是內燃機和電力革命，美國經濟就像一個大氣泡一樣吹起來了。

農業，美國有的是土地，很快美國就成了農產品出口的第一大國。

通常認為，美國工業產值躍居世界第一是在一八九四年。以鋼產量舉例，一八七五年美國的鋼產量不到四十萬噸；僅僅五年後，一八八〇年就到了一百三十萬噸，與英國並列世界第一；一八九〇年四百三十萬噸，一九〇〇年一千萬噸，把英國、德國遠遠地甩到了後面。這些鋼生產出來幹什麼用呢？造鐵路。到了一八九三年，美國建成了五條橫貫大陸的鐵路線，這些鐵路網又反過來為工業提供了良好的基礎設施，刺激了市場進一步發育，帶動了其他經濟部門的連鎖反應。

美國的這個時代，作家馬克．吐溫給它取了個名字，叫《鍍金時代》。到處都有機會，不管什麼東西，都鍍上了一層金光閃閃的顏色。

十八世紀九〇年代，在美國同時發生了兩件事。第一件就是工業產值達到世界第一；第二件，是美國人口普查局的總監宣布，一個世紀以來，一直為美國人提供無限機遇的西部「邊疆地帶」，已經不復存在，這是什麼意思？

美國在剛剛建國的時候，只有東部的十三個殖民地。然後用一百年左右的時間，連搶帶買，大跨步地向西挺進，一直到達太平洋，這個過程史稱「西進運動」。到十九世紀末的時候，已經沒有新的地盤可以開拓了。有新的地盤，就有新的開發空間，就能不斷地引進新移民，就會產生新的經濟需求，這個國家就有雄心和希望。

當時的美國人其實對自己的國家也有誤解。對於美國的崛起，當時流行的解釋是——我們優秀啊，也就是所謂的「生源說」。

但是到了十九世紀末，美國出現了一個重要的思想家，歷史學家弗雷德里克·傑克遜·特納。一八九三年七月十二日，特納在美國歷史協會年會上宣讀了自己的一篇文章，叫〈邊疆在美國歷史上的意義〉，轟動了美國。

這篇文章說，怎麼解釋美國的發展？

是因為自由土地的存在及其不斷後退，和美國人定居點的不斷西進，解釋了美國的發展。這種不斷地重生，這種美國生活的流動性，這種伴隨著機會的向西擴張，這種與原始社會的簡單狀態的不斷接觸，構成了主導美國特性的力量。所以，「美國歷史的真正要點是在偉大的西部，而不是在東部」。

特納認為，不僅是經濟，也不僅是民族精神，甚至美國民主制度都是因為這個獨特的條件，不斷向西走這個過程，塑造了美國。但是，特納這篇文章的目的，不是為了解釋美國的崛起，而是提出了一個問題，一個危機——美國的邊疆消失了。

特納在文章一開頭就引用了美國人口普查局總監的宣布，西部「邊疆地帶」不復存在了。在文章的結尾，特納又說：「現在，從發現美洲四百年，在美國憲法下生活一百年後，邊疆地帶消失了。伴隨著它的消失，美國第一階段的歷史結束了。」

那問題來了，當美國不再有這麼一片廣闊的自由土地來吸納美國人的能量，美國人尋求機會、擺脫困境的「逃生口」就沒有了，美國社會一個重要的「安全閥」消失了，過去的發展模式就終結了。

而舊模式的終結，一定會帶來一系列的危機。

比如，隨著五條橫貫大陸的鐵路線建成，大規模鐵路建設就結束了，那美國鋼鐵工業怎麼辦？肯定大量過剩，築路工人和鋼鐵工人的失業率會迅速增長。果然，工人平均工資從一八九〇年開始顯著下降，罷工、請願的次數明顯增多。

到了一八九三年底，美國破產銀行達六百二十四家，失業工人已達三百萬人。農產品也開始過剩，價格下跌，農民日子也不好過。一八九三年五月，美國發生了有史以來最嚴重的經濟危機，兩個大鐵路公司——北太平洋鐵路公司和聯合太平洋鐵路公司先後宣告破產。

當時象徵著「美國天才」的發明家愛迪生，也被迫解雇其公司70％的員工，愛迪生抱怨美國「變成了一個全國性的瘋人院」。

一八九四年五月，普爾曼鐵路工人大罷工，在美國歷史上規模空前，整個西部的鐵路運輸全部癱瘓。這種騷亂開始蔓延到全國各地，在很多人看來，美國當時就像進入了國內革命的前夜，軍隊取消軍官休假，處於全面戒備狀態，後來也真就出現了軍隊對工人的流血鎮壓。

這一來，問題又升級了。很多人開始擔心，如果局勢這麼亂，全靠政府鎮壓，那美國的民主制度還保得住嗎？當時有人在一封信裡寫道：「我們的國父們在關於民治政府的問題上走得太遠了……民主現在是法律、秩序和社會本身的敵人，這樣的民主應該取消。」

說這話的人可不是普通的阿貓阿狗，是當時美國總統克利夫蘭的國務卿，沃爾特·昆廷·格雷沙姆。這樣的關鍵人物說出這樣的話，說明在美國精英階層中，對於民主制度的懷疑已經開始漸漸地蔓延開來。

總而言之，十九世紀九〇年代的美國陷入了一種普遍的「心理危機」，整個社會處於恐慌和迷惘狀態，對未來的命運感到擔憂。那怎麼辦？

我們前面提到的歷史學家特納，他對美國歷史的解釋後來被稱之為「邊疆說」，這個學說其實已經為美國怎麼擺脫危機提供了思路。

按照他的邏輯，既然邊疆消失是美國一系列問題和危機的根源，那麼合理的解決辦法就是繼續擴張，繼續創造新的邊疆地帶，才能為美國的繼續發展提供動力。

理解了這個背景，你才能理解為什麼一八九八年爆發了美西戰爭，也就是美國和西班牙之間的戰爭。西班牙原來的殖民地：古巴、波多黎各、菲律賓，被美國搶走了，在當時的美國人看來，這就是他們的新邊疆。

說回到我們當下，你有沒有發現，中國當前的情況和美國當時有一些地方是類似的？

過去三十多年的發展，把中國人口優勢、低工資優勢、教育優勢、後發現代化優勢激發了出來，又遇到了新一輪的訊息技術革命，中國成了世界工廠，形成了一輪增長奇蹟。

但是，很多人都在談，那種舊的中國製造模式好像已經到了頂點。現在全世界到處都是中國貨，下一步的發展空間在哪裡？美國和歐洲都出現了反全球化的潮流，對中國有利的全球自由貿易似乎正在逆轉，那中國經濟怎麼辦？一百多年前的美國發展的經驗，能不能給我們一些借鑑呢？

請注意，這個問題的答案，肯定不是戰爭，不是領土擴張。實際上，一百年前的美國人後來真正走出來的道路，也不是戰爭和領土擴張，那美國的經驗到底是什麼？

02 正確理解海權——走向世界

要談一百年前的美國崛起，這就不得不提到一個人，阿爾弗雷德・賽耶・馬漢，最近幾年，他在中國也很出名，因為他寫了著名的《海權論》。現在國內介紹《海權論》的書或者文章，基本上都是強調：馬漢主張擴張，比如像荷蘭、英國的世界霸權，基本上都是因為海軍強大的結果，所以馬漢主張美國也要大量建設海軍。聽起來，馬漢就是一個磨刀霍霍、喊打喊殺的軍國主義者。

實際上，這是對馬漢《海權論》的一個非常深的誤解。我們必須回到一百年前，就是十九世紀末的美國歷史情境中，才能理解馬漢到底在說什麼。

到一八九〇年的時候，雖然美國經濟實力躍居世界第一，但是向西發展的新邊疆沒有了。從那個時候往回看一百年，美國都是靠向西發展來立國的，經濟發展、國民精神甚至是政治制度，都是建立在這個向西擴展的動態過程中。現在舊模式不能用了，美國當時也面臨一個轉換發展方式的問題。

當時美國精英的共識是，既然邊疆沒有了，那就再去找新邊疆，說白了就是要在全球擴張。但是，擴張也存在著一個方式的問題，如果僅僅是擴張領土，那就會存在兩個問題。

第一個問題是，美國的政治制度是聯邦制。原來在北美大陸上，擴張一片地方就建立一個州，這個州加入美利堅聯邦，遵守美國憲法，同時也向美國國會派代表。但是如果美國也像其他老牌帝國主義那樣，全世界去征服殖民地，那這個方法就玩不轉了。新占領的地方，文化、人種都跟美國不一樣，你是讓它加入聯邦還是不讓呢？聯邦制和民主政體很可能承載不了更多的領土和人口。

第二，美國崛起得比較晚，世界上有人口的地方基本上已經被列強瓜分得差不多了，像西班牙這樣的軟柿子畢竟不多，可以通過發動戰爭接管它的殖民地。美國現在如果也想要地盤，難道去占領南極洲嗎？

既然有了這些擔心，那美國的擴張應該怎麼搞呢？這個時候，就出現了馬漢和他的《海權論》。

馬漢是軍事世家，他父親是西點軍校的教授，他自己就出生在西點軍校的宿舍樓裡面，後來自然就參加了美國海軍。不過他本人似乎不是一個優秀的海軍指揮官，他指揮的船曾多次發生碰撞事故。馬漢真正的過人之處，是在歷史研究和戰略思維方面，是一個軍事理論家，後來他還當過美國海軍學院的院長。

一八九〇年，他開始出版《海權論》，指出了一種新的擴張方式。這種擴張方式，讓美國和其他歐洲殖民帝國不同，發展出了一種新的帝國模式。

《海權論》既然是一本軍事著作，那自然要大量談海洋戰爭，後來的人主要關注的也是這個方面。但是任何著作都是有背景的，《海權論》的背景不是海戰怎麼打，而是對美國如何擺脫當時危機的思考。

馬漢知道，一八九三年美國經濟危機的爆發，是因為第二次工業革命。

他明確說，「國內消費的增長，跟不上機器帶來的生產的增長」，也就是產能過剩。產能過剩怎麼辦？國內賣不動，就賣到海外去，怎麼賣？用海運把貨物賣出去，那怎麼保護大規模的海外貿易？發展海軍啊，這就是馬漢「海權論」的基本邏輯。把國內龐大的產能釋放到全世界是根本出發點，發展海軍和占領殖民地都是手段。

這些理論，今天聽起來覺得平淡無奇。但是你想想，那可是十九世紀末的美國，他們通過獨立戰爭，好不容易把英國人趕走了，自己在美洲當起了老大。所以，當時美國人的主流情緒是，歐洲的事我們不想管；美洲的事，就是我美國的事，你們歐洲人最好也別來摻和。為什麼？

因為有大西洋啊，它阻隔了我們。我們關起門來過自己的日子，我們是新世界，你們是舊世界，大家井水不犯河水，多好！

但是這個時候馬漢站出來說，現在不行了，海洋不再是美國的安全屏障，海洋是美國走出去的路。你看，這是一個很大的心態逆轉。

馬漢提醒說，我們不是打算在中美洲開鑿巴拿馬運河嗎？它一旦開通，其他歐洲大國和亞洲的貿易也可能從這裡走，我們美國要想像以前那樣超然於國際糾紛，就沒那麼容易了。

過去很多書都把馬漢寫成是一個狂熱的擴張主義者，但是他主張的擴張，和以前國家的領土擴張是不一樣的。在他看來，美國所需要的擴張主要是貿易擴張，是對主要市場和廣闊海洋的自由進入，而不是增加直接控制的領土。直到現在，做為域外國家，美國跟中國在南海問題上鬧彆扭，口口聲聲說的也是什麼「自由航行權」，這個思路就是從馬漢那裡來的。

按照這種思路，美國會變成一個帝國，但並不是歷史上那種典型帝國。像羅馬帝國、阿拉伯帝國、蒙古帝國和俄羅斯帝國那樣，單純靠領土擴張形成的帝國，也不是英法等等歐洲國家那種建立在直接控制基礎上的殖民帝國，而是一種新型的帝國。

它的基礎，是強大的生產能力和貿易能力。它要求商品和影響力能夠自由進入世界各地，同時盡可能減少對海外領土的直接控制，以便節約政治和財政成本。

徐棄鬱老師在《帝國定型》這本書裡用一句話歸納得很精采，美國是什麼樣的帝國——「美國做為一個國家是有邊界的，做為帝國則是無邊界的。」這種帝國發展的邏輯不是我們通常理解的國家邏輯，而是無孔不入的資本邏輯。馬漢的《海權論》是為美國找出路的著作，但是這本書的影響力卻超出了美國。

英國人看到這本書很興奮，說這是為我們大英帝國的歷史作了總結。但是德國和日本也很興奮，這就是一個悲劇了。

當時瘋狂好戰的德國皇帝威廉二世，一看到馬漢的書就迷得不得了，馬上下令德國所有的軍艦都要配發這本書，拚命發展德國海軍力量。在日本的情形也相差不多，當時日本艦艇上每一位艦長都配發一本《海權論》，做為必需的裝備之一。日本軍方甚至還打算重金聘請馬漢擔任海軍顧問，被馬漢婉言謝絕了。

為什麼說這是一個悲劇？

當時的德國和日本，和美國的情況根本不同：並不是一個產能過剩、急需輸出的國家，也不是要通過海軍來擴張全球貿易。它們只是覺得，你看有人說了，想要稱霸，海軍就得強。有了海軍，就可以跑馬占地，把國家搞得大大的。

這種理解，和馬漢的意思天差地別，完全是誤讀了。當然，德國和日本後來的悲劇，我們也看到了。

還是回來說我們的中國。

很多人說，中國現在是一個強國了，海軍實力也在迅速增長，之所以要讀《海權論》，就是要保護我們的海洋利益。釣魚台是我們的，南海也是我們的。

這當然沒有錯，但是思維如果還停留在這個層面，那就沒有真正讀懂馬漢。

如果我們換一個角度想問題，中國和一百年前的美國很像，也存在產能過剩的問題。而且我們是全球自由貿易的最大受益者，中國已經替代了美國，成為全球自由貿易的堅定主張者和旗手。

03

建立全新模式的帝國

十九世紀的最後十年，是美國從一個區域性的強國，轉變為一個世界帝國的關鍵十年。不過，後來美國形成帝國的方式，和人類歷史上的其他帝國，很不相同。

它不是通過占有大量領土和人口，而是僅僅在世界上控制一些點，比如一些島嶼，建立軍事基地，通過強大的軍事實力，在全球投放其商品、服務、資本、制度、文化和影響力。說白了，美國不是「占有模式」的帝國，而是「影響力」模式的帝國。

為什麼會這樣？美國人有幾個理由。

第一個理由，就是美國是一個聯邦制國家。

美國在北美洲大陸上的擴張，是一種同質化的擴張，所以就可以大踏步地前進。但是如果在全球範圍內大量擁有殖民地，就會帶來很大麻煩，人種、文化、經濟發展水平都不一樣。這些地方的人，會接受美國的政治制度嗎，會成為真正的美國公民嗎？殖民地越多，給美國政治制度帶來的風險就越大。

當時美國有不少聰明人知道，領土不是越多越好，不挑不揀地占領一大堆地方，好不容易通過幾個世紀打造出來的美國精神，就難免會被稀釋，最後沒準會重蹈羅馬帝國分崩離析的覆轍。

舉個中國人都熟悉的例子，戰國時秦國憑藉武力統一了全國，軍事上秦國確實厲害，但是在政治制度和統治策略上沒有做好準備。結果統一全國之後不到二十年，秦國像一個巨人那樣，被自己的體重活活壓垮，不僅新征服的地區沒有保住，連老家也被連鍋端掉。

美國人不想要殖民地的第二個理由，是因為財政負擔。

有一個詞，叫「擴張悖論」，什麼意思？歷史上的那些大帝國基本都是領土擴張模式，新占領的地方，要統治、要鎮壓叛亂、要保衛，這都是要花錢的。然後還會出現一個可怕的自我激發效應，就是領土擴大之後，會造成軍事防衛的新難題，這些難題只能靠進一步的擴張來消除。一旦走上這條路，帝國就成了癌細胞，永遠要擴張，要繁殖。最後，維持這些領土的成本，遠遠超過這些新領土帶來的收益，而且騎虎難下，最後導致帝國衰落，這就是所謂的「擴張悖論」。

十九世紀末，美國國力強大了，不得不走上全球擴張的道路。但是它看到前面那些帝國的下場，就想著只要擴張的好處，不要擴張的成本。這才搞出這種「不求擁有，但求所用」的美式帝國主義。

但是，我們不能只看結果，而要看這個思路是怎麼慢慢形成的。要知道，占有更多的東西，這是人類的本能。

像英國，其實本來也是這麼想的。十九世紀初的時候，大英帝國的思路也是，只占有港口、島嶼和沿海地區，然後通過海軍和商船把這些點連起來，有錢賺就可以了。但是後來，從一八〇〇年到一九〇〇年這一百年裡，大英帝國的陸地面積增長了七倍，統治的人口增長了二十倍，從一個典型的海洋帝國，變成了一個陸地帝國。這就是過度擴張的陷阱，鬥不過自己的深層人性，英國人躲著躲著，還是掉進去了。

那美國人怎麼克服這種天生的占有欲的呢？這裡面有兩個重要原因。

第一，美國的條件太特殊了。它是一個超人型的國家，國土廣袤，有驚人的自然資源和雄厚的經濟技術實力。

美國即使沒有全球擴張，仍然是一個龐然大物。海外市場再重要，在高峰時期，也只消費了美國產出商品的10%。直到今天，全球化程度這麼高，國內市場對美國來說仍然是第一位的。這個特殊條件就導致，美國對於搞一個全球帝國的興趣沒有那麼大。

那第二個原因呢？就跟美國這個國家的性格有關了。美國的商業文化太發達，有強烈的實用主義精神，是一個「成本敏感型」國家。

徐棄鬱老師在研究十九世紀歐洲國家外交文件的時候發現，那些歐洲的老牌帝國主義者經常用到「威望」這個詞，說明歐洲列強不僅要利益，而且要面子。但是美國的外交文件裡很少出現這個詞，美國政府的所作所為，基本上是圍繞利益來的，所以對成本和收益之間的關係美國就特別敏感。

舉個例子，美國和菲律賓的關係。

一八九八年美西戰爭，美國從西班牙手裡把菲律賓搶來了。當時很多美國人就強烈反對吞併菲律賓，其中最著名的一個人，就是《海權論》的作者馬漢。馬漢看起來是一個擴張主義者，但是在菲律賓的問題上，他堅持認為：美國沒必要吞併整個菲律賓，只要一兩個島搞個海軍基地，保持美國海軍在西太平洋的有效存在，就可以了。

但是你想，到手的肥肉再生生地吐出來，哪有那麼容易？美國人也是人，也有貪欲啊。尤其是當時的美國總統麥金利，動用了全部政治資源，拚命說服了參議院，通過了吞併菲律賓的法案。

但是，報應馬上就來了，美國人擔心的「擴張悖論」發生了。要知道，菲律賓和夏威夷不一樣，人口非常多，而且原來就有反抗西班牙的起義軍。這時候，美國人一來，起義軍就把槍口指向了美國人。一八九九年二月，美國參議院投票通過吞併菲律賓的前兩天，衝突就爆發了。

論打仗，這些起義軍是不行的，但是架不住他們是在本土作戰，無處不在地打游擊戰。一八九九年，美國在菲律賓的軍隊是三萬人，但第二年就不得不增加到六萬人，而且鎮壓手段也越來越殘暴。

有一次，有一小隊美國軍隊，被起義軍逮到機會，給圍殲了，全部殺掉。一位美國將軍居然下令，處死了當地所有十歲以上的男人。這個消息傳回美國國內，美國人明白了，殖民地這個遊戲，一點也不好玩。朝野上下迅速達成了共識，還是要搞「不求擁有，但求所用」的擴張模式。

當時還有一件和中國有關的事，就是一八九九年，美國在中國提出的「門戶開放政策」。

當時是甲午戰爭之後，西方列強已經看出來了，中國的清朝是爛透了，那還有什麼必要保持中國的領土完整呢？乾脆，把中國瓜分了得了。我們在中學歷史教科書上都學過這一段，這叫「帝國主義掀起了瓜分中國的狂潮」。德國搶了青島和膠州灣；俄國搶了旅順大連；法國盯住了廣東、廣西和雲南；日本盯住了福建；英國則說，整個長江流域都是英國的。

這個時候，美國突然出來插了一槓子，先後對列強發出了兩份著名的

「門戶開放照會」，要求貿易機會均等，而且要保全中國的領土完整。

美國之所以這麼做，可不是為了什麼中美友好關係，結合美式帝國主義的獨特邏輯，應該就能理解美國為什麼這麼做了。

中國那麼大的市場，我是要留著做生意的，怎麼能讓你們分割得七零八落呢？那市場就完蛋了，我美國不要殖民地，你們這些歐洲列強也都別要。

無論是一百年前的美國，還是今天的中國，這種超大型國家的崛起過程，都是一個個的特例。

今天說這個話題，不能說美國當年的經驗，對今天的中國仍然有用，但是正如徐棄鬱老師說的——

「像制度、成本和戰略等反覆出現的、規律性的要素，可能永遠值得我們思考，也永遠沒有止境。」

資源只會讓你暫時有優勢，
但是環境是千變萬化的，
你暫時的優勢地位
隨時都有可能不再是優勢，
甚至會壓滅你的靈活性、創造性。

第 7 章

海權與海戰思維改變了什麼？

這個世界越來越不像有固定地形的陸地，越來越像風急浪高的海洋。
海戰思維對我們這代人就非常重要。

前文都在談美國當年的崛起，這不是簡單的你方唱罷我登場、世界來了個新霸主那麼簡單。美國崛起還帶來了一種新的帝國模式：不拚命地占有殖民地，而是通過軍事實力在全球投放影響力。

正如徐棄鬱老師在《帝國定型》這本書裡寫的，叫「不求擁有，但求所用」，這是一種海洋思維模式的結果，那和它對應的就是陸地思維模式。

現在我們中國海軍的建設正在加速，但問題是，一個古老的大陸民族要想走向海洋，那可不只是投資造軍艦，我們還得從無到有地培養和積累一種海戰思維。

陸地國家在水上作戰，最容易犯的一個錯誤，我們中國歷史上有個例子，就是當年曹操在赤壁犯的那個錯誤：他們覺得水戰和陸戰有什麼區別呢？無非就是通過船把士兵投放到戰場，所以我們應該做什麼？就是讓船像陸地，所以曹操才愚蠢地把船連在一起，中了連環計，這就給了周瑜火攻的機會。

這不只是中國人，世界歷史上也有很多這樣的例子，最典型的是一五八八年英國艦隊擊敗西班牙無敵艦隊，這是一場著名的海戰。當時西班牙無敵艦隊三萬人，英國艦隊有一萬五千人，這是絕對的兵力優勢，所以西班牙人覺得自己穩操勝券。

但是這個數字是架不住細看的，因為西班牙軍隊中陸軍和海軍的比例是3：1；而英國艦隊正好倒過來，陸軍和海軍的比例是1：3。所以西班牙主要的士兵是陸軍，但是西班牙那部分海軍的身分是船奴，就是划槳的，打仗主要是靠船上的陸軍。西班牙人所謂的無敵艦隊，其實僅僅是代步工具而已，本質上還是陸軍。但是英國，有大量駕船技藝非常嫻熟的水手。

所以開戰之後，雙方的行為模式就不一樣，西班牙人總想用鉤子把英國船給拉過來，讓自己的士兵跳到英國船上去殺人。而英國人才不會這樣，我要用的就是船的靈活性，所以在波濤中操縱船隻，反覆穿行，主要是靠船上的火炮來殺傷敵人。

所以當時有目擊者說，西班牙船上是血流成河，很多聚集在甲板上等著衝上英國船的西班牙陸軍，就成了活靶子，死傷慘重。

西班牙無敵艦隊被摧毀之後，大家算是知道了，海軍不是把士兵弄上船就行了，海軍有自己獨特的作戰方式。但是大家還是不明白一件事，就是沒有海軍的支持，陸地上的陸軍是無法單獨抗衡海軍的優勢的。英國人後來正是靠著這種海軍的優勢，擊敗了陸地強國法國，最後奪得了世界霸權。

這是怎麼回事，你海軍再厲害，不是只能在海上嗎？

關鍵是海軍和陸軍配合起來，形成了一個新的物種。那就要看英國和法國之間那場著名的七年戰爭。

七年戰爭不是發生在歐洲，而是發生在北美。當時法國在北美也有大量的殖民地，後來我們知道的路易斯安那州，現在美國的一個州，其實原來是法國的殖民地。

那法國當然也有機會像大英帝國那樣有世界霸權，關鍵一戰就是英法七年戰爭，準確地說是一七五六年到一七六三年。在這七年戰爭中，英國是把海軍的優勢發揮得淋漓盡致，而法國敗得很慘。

觀察這七年戰爭我們看得出來，海上力量面對陸上力量，它有很多優勢，我們說幾點。

第一點，當時沒有鐵路，在陸上行軍比在海上軍艦航行，又慢又貴；而且陸軍行軍很難保密，往往敵方的偵察人員很容易就發現你了。但是海上航行保密性非常高，就算是到了今天，技術發達了，但是在海上找到敵人的艦隊也不是一件容易的事。所以在歷史上，海軍一直就可以靜悄悄地實施機動，不動聲色地靠近敵人，這是第一點。

第二點，打仗離不開各種彈藥物資的補給。英國海軍強大，所以就可以確保它的陸軍隨時隨地得到充分的補給。同時英國海軍還可以切斷法國陸軍的補給，在北美的法國軍隊實際上被切斷了和歐洲的聯繫，這個仗還怎麼打呢？

第三點，因為英軍有海上的優勢，所以它在北美陸軍的數量其實不多，但是可以在海軍的支持下主動選擇攻擊地點，法軍只能被動應戰，這是多大的優勢！當需要轉移作戰地點的時候，英軍一轉臉上船了，輕鬆地從海上到達；法軍只能在陸地上艱苦地長途跋涉，所以法國人一直忍飢挨餓，被動地固守一些防線。

所以七年戰爭的結果是，英國人奪得了加拿大，完全控制了印度，大英帝國的基業從此建成。從這個過程中我們就可以看出海戰和陸戰的根本區別了。

陸軍作戰的目標，是要爭奪資源和關鍵要地；海軍作戰的目標是讓海洋為我和我的盟友開放，同時對敵人封閉，提升我軍的機動能力，打擊敵人的機動能力。

我們都知道抗日戰爭時期有著名的台兒莊戰役，前後打了一個月，結果是中方傷亡五萬人，日軍傷亡二萬人。中國軍隊的傷亡要大得多，但是仍然算是勝利，為什麼？因為我們達到了搶占關鍵地盤的目的。

但是海洋就不一樣，雙方搶的是制海權。消滅對方的艦隊，當然是搶制海權的一種方式了，但是讓對方失去機動性和靈活性也是一種方式。

比如，第一次世界大戰時期著名的日德蘭海戰，當時德國海軍實力並不差，但還是被英國艦隊封鎖在港口裡面，喪失了機動性。到了凡爾登戰役之後，德國人覺得陸地戰太苦了，陷入了僵持，最好能在海上想想辦法，看能不能突破英國人的封鎖。

到了一九一六年的五月，德國和英國的主力艦隊在海上遭遇，結果英國艦隊損失了十一萬噸的船，德國艦隊損失了六萬噸；英軍六千多人陣亡，德國二千多人陣亡。怎麼樣，誰敗了？

答案是，德國的戰果雖然大於英國，但是此後德國的艦隊再也不敢冒險了，不敢出擊了。

按照馬漢在《海權論》裡面的理論，德國海軍變成了只是在理論上存在著的艦隊，德國在戰略上是一敗塗地，為什麼？因為喪失了能動性。當時美國的《紐約時報》就冷嘲熱諷地說，德國艦隊攻擊了它的監獄看守，但是仍然被關在監獄中。這個比方很絕妙，你喪失了機動性，你有再多的資源，哪怕你打贏了一兩場仗，都沒有用。

從海軍的作戰方式和它的優勢中，我們可以得到很多重要的啟發。

很多人都在說這個世界的不確定性正在增大，什麼意思？就是這個世界越來越不像有固定地形的陸地，越來越像風急浪高的海洋。所以這個時候海戰思維，或者說海洋思維，對我們這代人就非常重要。

這個思維轉換其實不容易，它需要我們從靜態到動態，從攻城掠地轉向取勢優先，從重視存量轉向重視增量，從追求收益本身轉向追求產生收益的機制等。

我們舉個例子，在擁有資源和保持靈活性之間，你通常會怎麼選呢？

要知道，資源只會讓你暫時有優勢，但是環境是千變萬化的，你暫時的優勢地位隨時都有可能不再是優勢，甚至會壓滅你的靈活性、創造性，這些真正讓你長期存活的火種。

我創業三年，最近才突然明白，一家公司的使命是什麼？

不是像他們說的，什麼做一個好產品，打造一個好服務，也不是為了賺錢、為了上市，那些都是結果。創業公司的使命是打造出一種適應能力，一個建立在組織協作基礎上的，在不同環境中都能創造價值的適應能力，這是海戰思維對我的啟發。

戰術的目標是要贏，
而戰略是從這個均衡
向下一個均衡轉化，
不解決矛盾，只轉化矛盾。

第 8 章

戰略思想怎麼影響國際局勢與個人？

所謂的戰術思維，雖然也是運用資源達成目標，
這個目標非常簡潔、清晰，
那就是要贏，最好對方全死全輸，我是全活全贏。

01 強弱格局產生

有一套書叫《戰略大歷史》，上下兩冊，作者是英國的戰爭史學家佛里德曼。佛里德曼在他的行當裡當然是大神，但是他寫這套書還是花了十幾年的時間，為啥？因為這套書的野心實在是太大了。它要寫的可不僅僅是戰爭中的戰略，而是包含人類歷史的一切時期、一切層次的戰略，從政治的到軍事的，從商業的到市場的，乃至是個人層次的戰略，它全要包含在內，所以它的結構難度可想而知。

因為戰略這個詞本身就大而無當，什麼叫戰略？我們按照最寬泛的定義，就是調集資源和力量達成特定目標的藝術，都可以稱之為戰略。我的老天，如果這樣定義的話，那人類歷史上一切才俊人士達成特定目標所想出來的那些行之有效的方法，以及背後抽象出來的理論，它都要寫進去，所以這套書的寫作難度實在是太大。

這一章沒有辦法只說這套書，因為它的結構實在是太恢弘了，只能講其中的兩個字，也就是書名上的這兩個字——戰略。戰略這個詞我們每個人從念小學的時候就知道了，而且知道的時候，它對立面一般都站著另外一個詞，叫戰術。問題來了，戰略和戰術的區別到底是什麼？我們一般都認為，戰術是指比較小的，比較具體的，而戰略比較大，比較寬泛。但這不是定義的方法，只能從大和小，從一個程度上的區別來定義一個概念，說明我們對它的理解未達究竟。

但是戰略這個詞在人類歷史上也沒有出現過一個權威定義，甚至這麼兩大厚本的書，裡面都不敢說我知道什麼是戰略，所以這是一個見仁見智的事情。就像我所佩服的學界前輩吳伯凡先生，他就跟我講，戰略有兩個定義，第一個叫「事後總結出來的好運氣」，第二個叫「有選擇的放棄」。這兩個聽著也都有道理，但是它不是從正面來定義什麼是戰略。

所以正是帶著探究這個詞本身到底應該是什麼的興趣，我讀了這套書，讀完了，我還真的覺得自己就找到了。所以我們把這套書放開，現在我們就來解讀戰略這個詞。

我們解讀一個概念，不可能從概念到概念，那會煩死人的，我們總得找到一個很具體的抓手吧？所以今天我們講戰略這個詞，找到的抓手是一個人，他叫梅特涅。熟悉歐洲歷史的人都知道，梅特涅是十九世紀上半葉奧地利的首相，他其實在我們這一代人的知識結構當中，前後有兩次出場。

第一次也許你還記得，是在我們的中學歷史教科書裡面，寫到一八四八年歐洲革命的時候他出場了，當時他的身分是奧地利的首相，著名的反動派，人民一革命，他當然就倉皇逃竄，從奧地利首都維也納，一溜煙跑到了英國倫敦去避難。當然走的時候非常不光彩，他是男扮女裝而走，所以當時歐洲的報紙還搞出了一幅諷刺漫畫，是這個梅特涅穿著女裝，然後鼻子老長。在歐洲文化當中，鼻子長就代表這個人愛說謊話，所以當時形象不是很好。

他第二次出場，是在一篇很著名的文章裡面，我們中國人都知道，馬克思寫的《共產黨宣言》。《共產黨宣言》的第一句話，一個幽靈，一個共產主義的幽靈在歐洲徘徊。其實你只要讀到第二句，馬克思就已經把梅特涅寫進去了，馬克思是這麼寫的：為了對這個幽靈進行神聖的圍剿，歐洲的一切舊勢力，從教皇到沙皇，從梅特涅到基佐（基佐是法國的一個反動派），從法國的激進派到德國的警察，這些歐洲的舊勢力都聯合起來了。這就是《共產黨宣言》的第一段和第二段。

所以梅特涅這個人給我們留下的印象不太好，就是一個著名的反革命，著名的亡黨分子。但是今天我們講這個人可不能擱在這個背景下講，我們要回到他當時真實的歷史背景下，再來看他的歷史地位。那梅特涅是一個什麼人呢？其實回到當時的歷史，他是歐洲歷史上最最著名的外交家，他的一生和一個詞綁在一起，這個詞叫「均勢外交」。

所謂「均勢外交」，指的是均衡勢力外交。看到這個詞你會覺得，這不是英國人玩的那一套嗎？對，英國人在歷史上從來都是均勢外交，就是歐洲大陸上不能出現打破原來均衡勢力的那個強權。所以借用邱吉爾的一句話，說英國四百年來的外交史，其實一句話就說得清楚，就是防止歐洲大陸上出現強大的、富於侵略性的霸道的國家。

這個話聽著是正義凜然，其實是怎麼回事呢？就是我英國人做為一個離岸的島，我就反對歐洲大陸上出現任何新的崛起的勢力，誰崛起我打誰。所以英國這四百年來的外交史特別好記，十六世紀跟西班牙人硬碰硬，無敵艦隊覆滅；然後整個十七世紀、十八世紀，跟法國人拚命，豁出去的高峰就是打拿破崙，著名的滑鐵盧戰役。打完拿破崙之後，歐洲崛起的新勢力就是俄國沙皇，所以整個十九世紀上半葉，英國人跟俄國人撕破臉；十九世紀下半葉德國崛起，英國人又掉轉槍頭，再來對付德國人。

到了第一次世界大戰，把德國人給打趴下了，英國人說不行不行，德國人趴下那可不行，你法國人不能太欺負德國人，其實這也是均勢外交的一個表現形式。所以為什麼第一次世界大戰之後，英國人對德國處於綏靖政策，跟它的均勢外交的傳統思想是一脈相承的。

到第二次世界大戰的時候，英國人不管多煩蘇聯，多反對共產主義、反對史達林，但是利益是最主要的，要達成均勢，所以又和蘇聯人聯合起來，對付德國人。因此英國的外交政策特別好理解，這個外交政策叫「離岸平衡手」，因為我是一個海外孤島，我的主體利益是在全世界的海洋上，我是日不落帝國嘛，所以只要歐洲大陸不出現一個能夠直接挑戰我地位的強權，這就是我的基本利益所在。

所以均勢外交這個事在英國人這頭特別好理解，可是梅特涅的表演舞台是在奧地利，那是一個內陸國家，內陸國家你搞什麼均勢外交？在大陸上是非常殘酷的地緣政治，我多一塊土地你就少一塊，那是勢力外交，怎麼搞出了個均勢外交呢？

對，梅特涅這個人通過他在維也納會議上的一系列表現，他的功績就是奠定了一百年的歐洲和平。維也納會議是在一八一四年召開的，整整一百年之後，到了一九一四年，歐洲人才開始打第一次世界大戰。這中間整整一百年和平，其實挺奇怪的，因為此前的歐洲君主打成一團，此後第一次、第二次世界大戰無比慘烈，唯獨中間一百年風平浪靜。

當然也有一些例外，比如說德國統一過程當中的普法戰爭和普奧戰爭，也慘烈，但是畢竟持續時間不長，只有幾個星期，所以影響面沒有那麼大。在歐洲之外也有一些戰爭，比如說克里米亞戰爭，是英國人、法國人聯合起來打俄國人，但是畢竟在歐洲本土之外，在歐洲這一百年和平大家享受了，而且造成一個錯覺，很多歐洲人覺得，這白人之間的戰爭是不是就歷史性地結束了？所以到第一次世界大戰的時候大家才不習慣，怎麼打仗死這麼多人呢，這麼慘烈呢？

所以現在歷史學界公認，這一百年的和平就應該歸功於梅特涅所主導的維也納會議。要理解維也納會議，得建立兩個背景知識，第一個就是奧地利是一個什麼樣的國家，第二個是拿破崙戰爭。我們先來說奧地利。奧地利當時統治的王朝叫哈布斯堡王朝，這個家族在歐洲特別奇葩，他們有一句名言，說讓歐洲的其他君主去打仗，我們快樂的哈布斯堡家族的人只會結婚。說白了，我們去搞領土，主要憑的是聯姻，而不是什麼槍炮，那個東西太低級。

所以在中世紀過程當中，哈布斯堡家族嫁女兒、娶媳婦、結婚繼承遺產，在歐洲大陸上搜羅的領土大得嚇人。攤開歐洲地圖，從西邊，比如說比利時，還有像西班牙、葡萄牙，大部分的義大利，還有奧地利本土，以及現在我們看到東歐的那些國家，什麼捷克斯洛伐克、匈牙利、保加利亞、羅馬尼亞、塞爾維亞等等，都是當時的哈布斯堡家族的土地，都是奧地利帝國的土地。

但是這一招到了近代之後就不靈了，為什麼？因為民族主義起來了。比如說英國和法國這樣的民族國家，就特別容易崛起和團結起來，因為大家去構建一個想像的共同體。而這個時候哈布斯堡家族這一套，拼湊這麼多土地，那麼多種宗教，那麼多種民族，它向心力自然就比較差，所以不要看它地盤很大，它的實力其實是比較差的。

歷史上有個名詞，叫奧匈帝國，奧匈帝國跟奧地利什麼關係？就是匈牙利人不幹了，說我跟你不是一個民族，你是講德語的，對吧？我是講匈牙利語的，雖然你說我是你的領土，我認，但是我們好像是兩個國家。這樣，我們在上面再架一層中央政府，叫奧匈帝國，你是一個雙元帝國，什麼意思？我們兩個國家效忠同一個君主就可以了嘛，我們什麼財政、議會都分開來單過，只不過把什麼外交、軍事交到中央政府。這就是一個不得已的安排，就是這個帝國缺乏向心力，所以才改叫奧匈帝國。

匈牙利人最後矯情到什麼程度？說這個軍隊雖然你們可以指揮，但是不能用德語來指揮，這樣做傷我們民族自尊心，應該用匈牙利語來指揮。那你想，軍隊還有戰鬥力嗎？連指揮系統的語言都不能統一。所以當時奧地利這麼一大盤子散沙，湊在一起變成一個國家，在當時的歐洲歷史上就有一個外號，叫布娃娃帝國主義，你雖然也是帝國主義者，但是脆弱不堪，或者叫歐洲的窩囊廢。

而梅特涅進行表演的政治舞台，正是這個窩囊廢國家。歷史對窩囊廢這個東西從來只有一個態度，你窩囊是吧？再贈送給你一項禮物，那就是你命中的煞神，或者說是剋星。奧地利的命中剋星是誰？就是那個著名的拿破崙。

我們都知道，拿破崙是從法國大革命當中湧現出來的一個人物，剛開始僅僅是一個底層的士兵，後來積軍功節節上升，二十四歲就當了准將，後來成為法國軍隊的一個統帥。然後乾脆黃袍加身，自己當了皇帝，然後縱橫歐洲十幾年，這叫拿破崙時代。我們對於拿破崙時代的一般印象，就是拿破崙打遍歐洲無敵手，跟所有國家撕破臉，最主要的對手是英國人，後來的滑鐵盧不就是跟英國人打的嗎；還有俄國人，最著名的庫圖佐夫元帥，所謂俄國人的第一次衛國戰爭。

可是這是後半截的事，前半截拿破崙跟誰拚命？就是奧地利。所以你想，一個窩囊廢遇到了拿破崙這種大魔頭，會發生什麼呢？那這段恩怨我們就要追溯到一七九三年。一七九三年是法國大革命所謂的高潮時期，說白了就是鬧得最不像話的那一年，在巴黎的協和廣場上，斷頭台高高聳立，台下人頭滾滾。

最不該殺的人，就是那個法國國王路易十六。我們對路易十六好像也沒有什麼好印象，反動君主嘛，可是反動派和反動派也不一樣。比如說英國資產階級革命期間殺掉的查理一世國王，手上斑斑血跡，真的是一個暴君，後來英國人是組織正式的法庭，按照正常的程序，按照叛國罪判他的死刑，這叫明正典刑，所以其他國家的人也不能說什麼。

可是路易十六的情況不一樣，首先這個人名聲還不錯，私德也很好，然後你說對革命的態度吧，不管心裡怎麼想的，人家至少沒有反對革命。你們不是不要專制君主制嗎？想要立憲君主制嗎？可以，談嘛，對吧？支持你們革命。所以攻占巴士底監獄之後，其實路易十六的表現一直是很好的。

但是在一七九三年，革命的狂潮仍然把路易十六給殺了。這一殺，在周邊的君主看來，這叫大事不好，為什麼？因為沒有道理，你這是暴民起來，王冠落地，這意味著歐洲人所珍視的傳統的道德、政治秩序，就要全盤崩潰。所以大家說我們得干涉。領頭的就是奧地利，為什麼它領頭呢？除了它「膀大腰圓」之外，還有一個很重要的原因，就是路易十六的王后瑪麗．安東妮就是奧地利人，是哈布斯堡王族的公主，所以這是小舅子替自己的妹夫去報仇的一個故事。奧地利皇帝親自掛帥，開始遠征法國，這就是一七九三年的第一次反法同盟，基本上是糾結了歐洲所有的君主國。

我們知道這個歷史，第一次反法同盟肯定是敗得唏哩嘩啦。但問題是，就把拿破崙這個煞星給放出來了，因為拿破崙成名的戰役叫土倫戰役，就發生在這一次戰爭當中，這是一七九三年的事。

那奧地利的皇帝肯定是不服嘛，你一個國家鬧成那個鬼樣子，我這麼大的一個帝國打你，還不是手到擒來嗎？但是唯獨就怕這個拿破崙。所以到了一七九九年的時候，奧地利皇帝又開始組織了第二次反法同盟，那為什麼選擇這個日子呢？因為他們發現拿破崙帶領他的大軍正在埃及作戰，而且身陷泥淖。從埃及到法國，路程太遠，那我就打你個措手不及。所以又開始組織第二次反法同盟。

但是他萬沒想到的是，這反而便宜了拿破崙，拿破崙借這樣的一個機會，幾乎是孤身一人就返回到法國，然後緊接著發動了「霧月政變」，自己當了第一執政。說白了，拿破崙當皇帝的路就從這一天開始了，為什麼？國家危急關頭你們都想活命，怎麼辦？你就得找我這個會打仗的，那麼你們都得擁戴我。所以第二次反法同盟其實成就了拿破崙，然後拿破崙帶著他的義大利方面軍翻越阿爾卑斯山。

翻越阿爾卑斯山打仗，在這個過程當中，拿破崙留下了一幅非常著名的畫，就是他騎在馬上，那個馬的前蹄立起來，拿破崙顯得很英武。其實我們都知道，拿破崙個子很小，他不站在馬上，基本上就很被人看不起。

當然我還看到過一個材料，說拿破崙翻越阿爾卑斯山的時候，騎的其實是一頭驢，根本就沒有馬，這是後來對他的一個形象的美化。最後也是把奧地利打得滿地找牙，這就是第二次反法同盟。

第三次反法同盟是發生在六年後，準確地說是一八〇五年，按說這個時候的奧地利你就別跟拿破崙拚命了，又打不過人家，一打就滿地找牙，你何苦找那個不自在？所以這個時候的奧地利也不談什麼給妹夫報仇，什麼恢復歐洲的舊秩序，因為你過去六年都沒打仗了嘛。但是為什麼又參加了一八〇五年的這一次呢？因為有一口惡氣實在是嚥不下去。

一八〇五年，拿破崙突然宣布自己要兼任義大利的皇帝，而且派自己家一親戚到義大利當副皇帝。只不過這個親戚跟拿破崙之間的關係很有意思，他是拿破崙老婆的孩子，這老婆的孩子不就是他的孩子嗎？不是，拿破崙這個時候的皇后叫約瑟芬皇后，她在嫁給拿破崙之前是有前夫的，她自己是個寡婦，所以跟前夫生了這麼一男一女兩個孩子。按照我們中國人的說法，這叫拖油瓶，拖到了拿破崙家，但是拿破崙對這兩個孩子都很好，把這個男孩就封到了義大利當副皇帝。

可這件事情奧地利絕對無法接受，為什麼？第一，義大利幾乎有一半的領土，包括我們今天看到像威尼斯、那不勒斯，甚至是西西里島，都是哈布斯堡家族的，說這地產首先是我的。而且我不僅是奧地利皇帝，我還是神聖羅馬帝國的皇帝，在歷史上，那義大利應該是我們家的。當然我們歷史上知道了，神聖羅馬帝國在中世紀延續了一千年，但是名存實亡，僅僅是保留了這麼一個帝號而已，實際上既沒有什麼號召力，也沒有什麼真正的實權。但是為了僅僅爭這個虛名，我也要跟你拿破崙拚命一下，所以又打起來了。這是第三次反法同盟。

這個時候奧地利身邊還有一個盟友，那就是龐然大物俄國沙皇，所以這一次反法同盟，拿破崙可是真打出了威風，可以說他軍事生涯的最頂峰也就是在這一次。他發生了一個很著名的戰役，叫奧斯特里茲戰役，在歷史上稱之為「三皇會戰」，因為在戰場上同時有三個皇帝。拿破崙，這是法蘭西皇帝；奧地利皇帝法蘭茲二世，還有俄國沙皇亞歷山大一世。

結果是這邊兩個皇帝差點被俘虜，所以拿破崙再次登上了他軍事生涯的頂點。拿破崙說，你這個法蘭茲二世，奧地利皇帝，你心裡不就是有那麼點小陰影嗎？覺得你是神聖羅馬帝國的皇帝，所以要跟我爭，好吧，神聖羅馬帝國我今天說了算，從此就結束了。一千多年的傳統，拿破崙一句話就沒了，取消了法蘭茲皇帝的帝號，從此你只能叫奧地利皇帝了。奧地利人也沒辦法，就忍了吧，這次真的是把底褲都輸掉了。

第四次反法同盟就在第二年，一八〇六年，奧地利人說這次我很堅貞，我就不參加了，果然他就沒參加，這次跟拿破崙拚命的主力是普魯士，我們就略過不說了。可是翻過年頭，到了一八〇七年的時候，也就是所謂的第五次反法聯盟，領頭的又是這個奧地利。你說這個傢伙怎麼記吃不記打呢？你還跟拿破崙拚命什麼呢？那是因為拿破崙這個時候帶領軍隊身陷在西班牙內亂，拿破崙在西班牙平亂呢，奧地利人一看，這是不是有機會了？我已經歇了兩年了，是不是能夠偷襲一下呢？所以在其他國家都沒有真正動手的時候，奧地利又開始犯賤，偷襲法國。其實偷襲的都不是法國本土，而是法國在德意志的那些盟邦。

拿破崙一看這機會，正好在西班牙脫不了身，藉著這個藉口，一個大軍就殺回來了，又把奧地利打得滿地找牙。當然這次就沒那麼客氣了，什麼僅僅取消帝號，來，割地、賠款，你給我裁軍，你的陸軍只能保持在多大範圍內，奧地利帝國這次可以說是到了真正的谷底。

這是一八〇七年的事情，梅特涅的故事馬上就要開始，他面對的就是這麼窩囊的一個國家，而站在他對面的是拿破崙。梅特涅該怎麼辦呢？

02

實力不夠，戰略來湊

到了一八〇七年的時候，也就是第五次反法同盟結束的時候，奧地利的地位算是掉到了歷史的谷底，因為你跟拿破崙死磕，結果到最後連內褲都輸掉了。其實我們從今天的角度看，這就是一個歷史的必然，因為那個時候的戰場上出現了一個全新的決勝因素，就是民族主義，換句話說，誰的背後有一個民族主義的大國，誰就贏。因為民族主義這個東西看起來很不理性，但是戰場上真管用，因為它能凝聚人心，動員力量。

這個時候的歐洲，法國當然是最強的，不僅人口多、地盤大，更重要的是，它是歐洲大陸上第一個民族主義的國家，大家非常清楚，我們是法蘭西民族，我們有民族性的國家認同。而這個時候德意志民族是什麼呢？根本沒有德國，是一盤散沙，各種各樣的小公國，小的諸侯國，北邊的普魯士、南邊的奧地利，還有巴伐利亞等等，一堆小傢伙。

而義大利呢？這個時候壓根兒就只是一個地名，根本不是一個國家，雖然大家都說義大利語，但是沒有國家的民族性認同，你當然力量就差。所以這個時候的法國，再加上一個不世出的軍事天才拿破崙，當然就能縱橫歐洲無敵手了。

我們再反過來看奧地利，雖然也是人口多、地盤大，但是因為宗教矛盾、民族矛盾在內部發酵，所以它的國家力量無法動員到一點，然後投放到戰場上去，因此實力當然就差。打仗打的是什麼？不就是這個實力對比嗎？

之所以要花那麼多脣舌，交代從第一次到第五次反法同盟，其實是想說明一件事，就是奧地利人也不傻，他們的國王將領也是一時之精英，也是想盡了辦法。但是沒有用，在這樣巨大的實力差距下，你縱有什麼道義的大旗，縱有君主的聯盟，縱有你偷襲人家拿破崙的軟肋，人家拿破崙在埃及、在西班牙，你想偷偷地搞一把都搞不成。

所以可見，戰術層面的一切可能性都已經被開發殆盡，但是這場仗你仍然是輸，而且輸到了奧地利這樣的帝國，居然到了生死危亡的邊緣。說白了，這個時候的拿破崙只要說你滾開，我派我一親戚到你那當皇帝，它就真的完了。所以正是這個時候，一八〇七年，梅特涅回到了奧地利，去當外交大臣，開始了他的外交生涯。

當然這句話說得其實不太妥，他的外交生涯是早就開始了，因為梅特涅從小就生活在一個外交家世家，他爹就是外交家，所以他小時候還生活在國外，跟著他爹到處當大使。他自己長大之後也開始當大使，比如說奧地利派駐普魯士的大使，到一八〇七年的時候他是奧地利駐法國的大使。

第五次反法同盟是奧地利背信棄義，突然又偷襲人家拿破崙，所以拿破崙就非常生氣，來，把奧地利駐法國大使給我叫來，就把這個梅特涅給叫來，一陣痛罵，騙子、背信棄義等等。梅特涅這個時候雖然很年輕，在拿破崙面前一言不發，隨你說，笑咪咪的就在那裡待著。

拿破崙罵來罵去說，這個人很有城府，不錯，我很喜歡他，我也很尊敬他。拿破崙這句話可就傳回到奧地利，說拿破崙都尊敬的人我們得用起來，所以這個人就從一個駐法國的大使，變成了奧地利的外交部長。這個時候的首相是一個親王，我們就先忽略不談，總而言之，從一八〇七年開始，一直到一八四八年，這個時候的歐洲就被稱為梅特涅時代，用一個人的名字去定義一個時代，你以為容易啊？

梅特涅一上台之後，他面對的任務其實非常簡單，兩條。第一條，就是取得法國信任，其實說白了，就是拿破崙本人的信任，說我們再也不會背叛你了，讓拿破崙覺得奧地利已經被我打服了，這是第一個目標。第二個目標呢，跟這正好相反，就是我不能被拿破崙坐在屁股底下欺負吧？我們畢竟做為一個帝國，我們要伺機去削弱法國，或者說拿破崙的力量，所以這個時候梅特涅同時面對這兩個似乎是相反的目標。

這個時候他幹了兩件事。第一件事，是給拿破崙介紹媳婦，我們前面講，拿破崙的媳婦是那個著名的約瑟芬皇后。約瑟芬是一個寡婦，後來再嫁拿破崙，拿破崙確實也很愛她。但是有一件事，你歲數大了，這生孩子就困難，而這個時候的拿破崙是皇帝，皇帝有沒有子嗣，決定了這個王朝有沒有未來，所以這可不是簡單的家庭幸福問題，這是一個重大的政治問題。所以約瑟芬這個皇后是肯定幹不長了，而拿破崙必須在那些古老的歐洲王室裡面，再找到自己的下一任皇后。

他剛開始瞄上的其實是俄國沙皇的妹妹，你想，法國在西邊，俄國在東邊，兩個大國通過這樁婚姻一聯盟，這多好呢？但是沙皇看不上他，雖然打仗我打不過你，但是你當皇帝才幾年？私下裡管你叫科西嘉島的怪物，你原來就是個農民，洗腳上田的，我們羅曼諾夫王朝的公主怎麼能嫁給你呢？所以就各種推三推四，什麼孩子現在歲數小，能不能等幾年？這事我說了不算，得我媽皇太后說了才算，各種藉口。

可是拿破崙不能等，因為他要著急結婚，著急生他的繼承人，所以沒辦法，就盯上了奧地利的公主瑪麗。據說有一次是在巴黎的假面舞會上，拿破崙就把梅特涅的妻子拉到了一邊，梅特涅的妻子在奧地利的宮廷當中很有地位，因為她是奧地利當時首相的孫女。說你看，能不能給我傳個信，給我拉個線，我看上你們那個瑪麗公主了。

這個消息一傳回奧地利，其實奧地利人也很糾結，羅曼諾夫家族要臉，我們哈布斯堡家族就不要臉嗎？我們也不想跟泥腿子結婚。尤其這個瑪麗公主，從小在宮中聽父兄講話，耳濡目染，全部是拿破崙的壞話，魔鬼一樣的人、不要臉、欺負我們等等，今天突然讓我嫁給他，這可怎麼辦？

所以雙方就僵持在這兒，拿破崙那邊是攻勢不斷，我還記得上大學時在圖書館裡看到過一本書，叫《世界名人情書集》，其中就有拿破崙寫給瑪麗公主的情書，那裡面的內容也是肉麻得很，但是那都是表面，底下全是政治上的算計。雙方就僵持在這兒，那誰打破了僵局呢？就是這個梅特涅。

梅特涅各種曉之以理、動之以情，一定把瑪麗公主嫁過去，只要嫁過去，你法蘭茲二世就是人家拿破崙的老丈人，老丈人當個皇帝，他還不給個面子嗎？所以奧地利政治格局的安全就暫時有了保障。後來沒辦法，瑪麗公主就嫁過去了，當然這是另外一個故事，瑪麗公主果然給拿破崙生了他一生當中唯一的男性繼承人，生下來就被封為羅馬王。

對梅特涅來講，這件事情畢竟讓奧地利的位置變得更加安全了，所以他的第一個目標達成了。可是梅特涅還有第二個目標，就是要削弱法國，你別看我們結婚了，你是我們女婿，那也要接著搞你，算計你。

那怎麼算計呢？能夠在歐洲範圍內幹服拿破崙的，只有沙皇俄國。因為沙皇俄國你別看它經濟不發達，但是它的戰略縱深大，人口多，真的要打你拿破崙，還得是俄國人。所以他就不斷地想方設法慫恿拿破崙，去打俄國。一八一二年，在俄羅斯的冰天雪地當中，拿破崙大敗而歸，這是拿破崙命運的真正轉折點。俄羅斯的庫圖佐夫元帥，甚至一把大火燒掉莫斯科，堅壁清野，把拿破崙逼入了絕境。

背後這個梅特涅其實就是一個重要的推手，他幹了好幾件事。第一就是不斷地攛掇拿破崙，你去啊，俄羅斯人太討厭了，打它，打它。拿破崙說，我對你也不是很放心；那怎麼能不放心呢？你看，你只要打它，我就出三萬兵馬跟著你，我們一塊兒去打它。那拿破崙一聽，這可以啊，你要是給了我三萬人，說明你跟我是一條心，那這歐洲大陸我就搞定了，只剩下東邊這最後一顆釘子沙皇俄國。來呀，兄弟們，我們一起去把它打翻。

梅特涅幹的第二件事呢，就是通過其他人的嘴，把這個消息給洩漏出去，我們要跟他搞在一起了，我們要去打沙皇俄國。俄國人也很緊張，不能把奧地利給逼急，所以又主動和奧地利去修復關係。你看，梅特涅通過這兩招，馬上讓東邊的、西邊的兩邊鄰國的大國關係都修復了。

但是他還幹了第三件事，就是找到一個外交場合，面見沙皇亞歷山大一世，跟他作了一個口頭的保證，這玩意兒可不能寫在紙上。什麼意思呢？就是我們沒辦法，我們打架又打不過他，我們又當了他老丈人，閨女在他手裡，他現在要打你，我們只好跟著，所以派了三萬人馬，也不是很多。但是我現在給你作個保證，主要就是三個「最少」，就是對你進行最少的進軍，在過程中給拿破崙最少的支持，一旦進入你的國境之後，做最少的破壞。你看，怎麼樣？我夠朋友吧？這三條「最少」我已經交代給奧地利軍隊的指揮官了，你放心。

沙皇俄國還不得不賣他這個面子，後來的故事我們都知道了，一八一二年，在俄羅斯的冰天雪地當中，拿破崙一戰大敗，然後敗回了法國。那奧地利的這三萬軍隊怎麼樣呢？沒事，既沒有吃什麼虧，回來的時候一點人數發現，怎麼還多了？因為在拿破崙軍隊潰散的過程中，很多人跟著奧地利軍隊就回來了，反而實力還增長了。你看，梅特涅這個人是不是很沒有道德底線？兩面三刀的傢伙，是個典型的陰謀家。

但是緊接著發生的故事大家又很驚訝，梅特涅的行為跟以前不一樣，就是拿破崙這時候已經不行了，趕緊揍他，這就叫第六次反法同盟，這是在一八一四年的時候。可是梅特涅說別別別，打法國何必呢？這是我們女婿，對吧？攔著。這本來奧地利跟法國打了這麼多年已經紅了眼，他為什麼攔著呢？

因為梅特涅心裡很清楚，把法國給打趴下，我做為一個布娃娃帝國主義，做為歐洲的窩囊廢，就該你俄國人，或者北邊的普魯士欺負我了，我一定得保持法國還存有一定的實力。所以梅特涅主動說，我去勸拿破崙，能不能讓法國退回到一七九二年之前的狀態，他也別當什麼皇帝了，他就當個法國國王，不就挺好嗎？我們也不用費勁跟他打了。

其他幾個國王說，要麼你去說說看，你要說不通他，你也得加入我們，做第六次反法同盟。梅特涅說我去說，我去說，後來就見了拿破崙。這是這兩個人一生外交生涯當中可能最重要的一次交涉，兩個人見面之後，關在小屋裡大概談了九個半小時。為什麼說很重要呢？因為這兩個人後來的回憶錄都寫到了這次談話。

當然這次談話沒什麼用，拿破崙那個狗脾氣，什麼一七九二年之前的狀態，我要把我侵犯的國土、搞來的財寶全部退回去？呸，我才不幹呢。後來說急了，還把帽子扔地下，說我吃虧就吃在你手裡，你跟我兩面三刀，派三萬人跟後面，跟遊行似的，我敗就是因為你們奧地利人，我怎麼就信了你呢？

最後梅特涅也是沒辦法，說你以為把帽子扔地下，我會給你撿起來嗎？認你這個皇帝嗎？拿破崙先生，我已經看出來了，你敗了，你沒有機會了，然後就走了。當然後來的故事我們也知道了，這次列強沒有把拿破崙怎麼樣，就把他流放到地中海當中的一個島，叫厄爾巴島，離歐洲本土還是很近的。而且給拿破崙留足了面子，就是你不是想當皇帝嗎？得，這皇帝的稱號你接著保留，你就做厄爾巴島上的皇帝，一年還給他二百萬法郎的年薪，可以用力花，我們也不欺負你。

緊接著，梅特涅就幹了他一生當中最重要的一件事，就是組織召開一八一四年的維也納會議。本來列強打完法國之後，安置完拿破崙，也就該各自回家了吧？梅特涅說不要這樣，我們坐下來聊一聊，選在哪兒聊呢？就是我老家維也納。因為維也納雖然很窮，但是距離大家的路程是差不多的，我們在歐洲中部，免除你們的鞍馬勞頓，我們把歐洲所有說了算的人，大概是二百一十九個，不管是親自來，還是派特使來，我們一起聊一聊戰後的國際格局安排。

不要小看維也納會議，它其實開創了一個傳統。第一次世界大戰之後的巴黎和會，第二次世界大戰臨到末了的雅爾達會議，其實都是承接了梅特涅開創的這個傳統，大戰之後，大國要坐下來聊一聊，安排戰後的國際格局。維也納會議其實達成了很多重要的成果，比如說我們今天熟悉的外交界的一系列名詞，什麼叫大使，什麼叫公使，什麼叫特命全權代表，什麼叫駐外武官，這些名詞的含義都是這個大會定下來的。

而且這次大會正式結束了歐洲的奴隸貿易，只有美國人還在搞萬惡的販奴運動，這些君主都覺得我們很高尚，我們不販奴。還有歐洲的河流的自由通航，也是這次會議定下來的，所以它的成果其實非常之豐富，可以說自從這次會議之後，國際外交才有了現代化的樣子。

當然，這次會議其實都不能稱之為會議，為什麼？因為從來沒開過會，既沒有開幕式、閉幕式，也沒有什麼第一次、第二次論壇，也沒有什麼大會發言。按照當時的一個參會武官的說法，說大會從未開始，但是舞會從未停止，都是一場一場的舞會、賽馬、音樂會，每天晚上就是開宴會等等。

那你說奧地利有這實力嗎？對呀，窮國，財政不富裕，所以這次真的是面子工程。梅特涅能做到什麼地步？就是跟法蘭茲二世商量，說你要不把皇宮騰出來，讓我們開會，您委屈委屈。所以這次真的是耗盡了奧地利的國力，為什麼？因為這個會開的時間太長，前前後後開了九個月，當然中間要扣除三個月，就是拿破崙後來又從厄爾巴島逃回來了，然後又搞了一次復辟，這就是所謂的百日王朝。這三個月扣除，那前後也有半年，這半年天天開宴會，天天要組織盛大的貴族活動，你說這得花多少錢？所以搞面子工程開會，這是打梅特涅開始就有的一個傳統。

那梅特涅在其間幹嘛呢？當時人給了他一個稱號，叫蝴蝶大臣，就是像一個花蝴蝶一樣到處飛來飛去，跟這個聊聊，跟那個聊聊，把這個帶到書房叨叨幾句，把那個帶到書房搞一些陰謀詭計。他所有的目標其實非常簡單，就是我奧地利是一個弱國，我沒有本事跟任何強權對抗，那怎麼辦呢？我們就要做到千絲萬縷的你中有我、我中有你的關係，最好我周邊的這些強權都能互相制約。

所以在梅特涅的所有斡旋之下，最後達成的歐洲格局就是全部制約在一起，大家像蜘蛛網一樣，互相都分不開。比如說俄國，你雖然贏了，那你了不起，一定要制約你，你想拿下整個波蘭，那是不可能的，擋著俄國人。法國人，要給它一定的實力保證，雖然你輸了，不能當戰敗國處理。

法國的外交大臣塔列朗就說，我們法國人多冤啊，拿破崙是個壞蛋，他是篡權的。我現在是代表波旁王朝，我們也是受害者，所以你要把法國當一個大國來看待，來加入這次會議，因此法國的實力也被保障下來。對北方的普魯士的制約，包括對法國的制約，其實都花了大量的心思，最後奠定的這個格局就是保障了歐洲整整一百年的和平。

維也納會議當中有兩個突出的原則，第一個叫正統原則，我們以後不認拿破崙這樣的人，要認主流價值觀，就是我們這些正牌的君主，這叫正統原則。第二個原則叫補償原則，歐洲就是一塊蛋糕，我們都是坐在桌子邊上的食客，你多吃一口，你也別太霸道，你補我一點，我們什麼東西都做交換，不要打，不要動手。所以用這種補償原則，我們就跟下象棋一樣，我們都是對個炮、對個馬，至少做到表面上互不吃虧。最後誰強大，誰壯大起來，那就是靠你棋藝的強盛，所以最好不要打仗。

梅特涅的這個思想，你可以說他是和平主義的開端，當然也是適應了奧地利布娃娃帝國主義當時的國力水平。維也納會議開完之後，大家覺得，這歐洲明明你奧地利實力最差，但是好像整個國際格局是由你們來安排的？所以這個時代叫梅特涅時代，這可不只是奧地利的梅特涅時代，這是整個歐洲的梅特涅時代。

而梅特涅在這次大會上也獲得了另外一個稱號：歐洲的馬車夫，從這一年開始，一直到一八四八年，整個歐洲格局其實是在一個弱國，以及這個弱國的首相梅特涅的控制當中，你不覺得這是一個很神奇的結果嗎？看到這兒你可能會說，這跟你今天要講的主題：戰略，到底有什麼關係？

03 國際戰略與人生戰略

我們回到主題，到底什麼是戰略？

我翻完這兩本書之後，看了裡面有趣的案例和理論總結，於是有一個東西在我的腦子裡就漸漸成形了，那就是戰略和戰術之間到底是有什麼區別呢？它絕對不是我們平常理解的大和小之間程度上的區別，這實質上是兩種完全不同的思維方式。

所謂的戰術思維，雖然也是運用資源達成目標，這個目標非常簡潔、清晰，那就是要贏，最好對方全死全輸，我是全活全贏。

可是戰略就不一樣，它也是運用資源達成目標，但是這個目標保守得很，它先是承認，我生活在一個均衡的格局中，然後我推動這個均衡，向下一個均衡點轉化。在轉化的過程中，我希望自己在下一個均衡點當中，那個優勢稍微大一點點，這叫戰略思維。

我們舉一個例子，中國人愛下兩種棋，一種是象棋，這就是典型的戰術思維，最後的目標很簡單，將死你。我做為一個高手，在過程中就是不斷地吃你的子，你全死，我全活。可是圍棋就不一樣，圍棋從一開始就是你一手我一手，達成新的均衡，一直到棋盤結束。

我小時候下圍棋的時候就覺得好奇怪，為什麼要學定式呢？因為定式在圍棋裡面從來不是教你怎麼贏得對方，而是達成一種「兩分」的結果，就是互不吃虧。這互不吃虧的事我為什麼要學呢？可是圍棋就是這樣，一直到最後的均衡點，不是你死我活，是你也活我也活。什麼叫贏？我比你多半目，我活得比你好一丟丟，我都是贏，所以圍棋代表的是戰略思維。

可能你還有一點沒聽明白，下面我們就分三個層次來講這個區別。第一個層次就是目標不同，戰術的目標是贏，而戰略的目標是下一個均衡點的達成，這中間的區別很微妙。贏這個東西，你能永遠贏嗎？就像你餓你吃，你總有吃飽的那一天，那個時候你會說我不吃了，我不贏了，我們坐下來聊一聊。

這不就是下一個均衡點的達成嗎？戰略思維要求我們超越戰術思維，從那個最終的均衡點回推我們現在應該做什麼。

這好像說得還是有點虛，我們舉個例子。前文提到一個人塔列朗，就是一八一四年維也納會議的法國外交部部長，這個人其實在法國歷史上名聲很不好，老叛變，原來他是拿破崙的外交部部長，可是到了一八一四年的時候，他搖身一變，變成了那個復辟的波旁王朝的外交部部長。大家說，這個拿破崙對你也不錯，你怎麼就叛變他了？所以這個人一生背了一個「變色龍」的稱號。當然他也很愛財，私德可能也不怎麼樣。

但是塔列朗在解釋他的叛變行為的時候說，拿破崙這個人是不能跟他混的，為什麼？野心太大了，他永遠要贏。好，就算這次打俄國他贏了，那又怎樣？因為他下一個目標一定是征服埃及，征服拜占庭，征服英國，那整個這個國家就會被他拖到血海當中，總有一天他會敗的，而那個時候法蘭西民族可就是萬劫不復了。所以你看，好的政治家他不是要追逐贏，而是我活你也得活，我們最終在一個格局當中，只要我占點便宜就可以了，這就叫戰略思維。

所以後來塔列朗講了一句名言，你們都指責我是叛徒，但實際上在任何一種力量自暴自棄之前，我都不曾背叛他。什麼意思？就是你拿破崙始終要贏，你不肯達成任何一個點上的均衡，那我只好選擇一個我認為合適的點背叛你了，因為我是法蘭西的政治家，我是要對這個民族負責的，我憑什麼跟你拿破崙狂奔到死呢？所以你看，這就是戰略思維，我的目標是達成一個均衡，而不是簡單的贏。

那戰略的第二個層次，就是過程的特點不同，戰術的過程特點就是不斷累積本方力量。有一篇很有名的文章劈頭就問：誰是我們的朋友，誰是我們的敵人？這是革命的首要問題。朋友搞得多多的，把敵人搞得少少的，革命就贏了，這是一種典型的戰術思維。可是戰略思維就不一樣了，不要把敵人和朋友搞得那麼清楚，最好從中掌握那個非常精妙的均衡，這就是平衡點。

梅特涅講過一句名言，他說我控制歐洲局勢的心法其實就是一條，就是確保所有國家之間的矛盾要大於他們和奧地利之間的矛盾。敵人和朋友搞清楚有那麼重要嗎？大家都有矛盾，但是這個矛盾都有化解的可能，只要我確保你們之間的矛盾大於你們和我之間的矛盾，你們就會永遠爭取我的支持。所以我奧地利雖然國力不強，但是我就是控制歐洲的局勢，這就叫戰略思維。

有兩句外交界的名言，第一句是英國的首相索爾茲伯里講的，說英國的外交政策就是從容地順流漂下，偶爾伸出船篙點一下，以避免觸礁。後來的那個鐵血宰相俾斯麥也講過一句類似的話，說國家是航行在時間河流上的航船，言下之意就是，我當下要確保一種精妙的平衡，絕對不能向左或者是向右，這當中是要靠政治智慧一點一點地去調整的，這是一個過程性的意識。

在德國的統一戰爭過程中，俾斯麥和他的皇帝威廉一世，就發生過一次爭論。當時普魯士已經把奧地利給打敗了，已經兵臨維也納城下，威廉一世說，打呀打呀，把維也納打下來算了。俾斯麥說不能打，我們已經贏了，何必再打下來呢？打下來之後，對奧地利人來說是嚴重的自尊心的挫傷，何必呢？

這個時候俾斯麥講了一句名言，他說如果把維也納打下來，這當然對我們的士兵將來回憶起來的時候是非常愉快的，但是這為將來我們達成一個新的均衡，製造了毫無必要的困難。因為畢竟我們兩個是一個民族，都是講德語的，將來是要在一起過日子的，何必呢？俾斯麥說，政治的目的不是要從戰敗的對手身上榨取更多的利益，而是要考慮它在政治上的必要性。你看，這就是戰略的過程性思維。

當然，戰略和戰術還有第三個層次的區別，就是實現的手法不一樣。戰術的實現手法很簡單，就地解決當下矛盾，推動矛盾的激化，最後圖窮匕現，得出一個確定性的輸贏。而戰略不一樣，它是從這個均衡向下一個均衡轉化，我們不解決矛盾，我們只轉化矛盾。

說到這兒，我們把戰略的三個層次基本就說完了，你可能會覺得這國家的事跟我老百姓有什麼關係呢？其實對於每一個人來說，建立戰略思維都特別重要。通往財富自由之路，很多人以為是錢鋪就的。其實不是，如果你不能打破你當下的生活怪圈，換句話說，就是從這個均衡向下一個均衡推動它的轉化的話，給你更多的錢也沒有用，你也實現不了財富自由。

所以什麼是人生的戰略？我們過去都以為，賺很多錢，我就變得財富自由了。請注意，這是一種戰術思維，你永遠想靠積聚一種力量來解脫自己的人生，可能此路不通。通的路是什麼呢？還是我們剛才給的那個答案，就是從當下的均衡，你努力推動它向下一個均衡去轉化，你擺脫了當下的怪圈，財富、力量，所有你追逐的東西才能對你有用，這就叫人生的戰略。

上升期的大國，只要不著急，
總有辦法找到把實力兌現為地位的方法。

第 9 章
什麼影響著國際關係？

國際主導權，說到底是由國家實力決定的。

這幾百年的西方歷史上，我們經常看到一幕，就是大國霸權輪番登場。十六世紀的西班牙、十七世紀的荷蘭、十八世紀的法國、十九世紀的英國、二十世紀的美國。老的霸權國謝幕，新興霸權崛起，不管勝敗，都難免要打一仗。但是，其中有一個例外，就是美國霸權替代英國霸權，幾乎是和平過渡，自然交接。直到今天，英美兩國也是堅定的盟友。所以，這兩國的關係，堪稱典範。

那為什麼呢？老大居然甘心被老二超過，居然沒有發生劇烈的摩擦？我們經常聽到的解釋是，因為這兩國同文同種，是原宗主國和殖民地的關係，文化上有師承，血緣上是近親，一家人，當然就好商量。

其實回到十九世紀後期的歷史，你會發現，完全不是這麼回事。我們對英美關係的印象，先是知道美國獨立戰爭和英國打仗，然後就跳到一百年後，美國參加一戰幫助英國打仗了。那這中間，差不多是整個十九世紀，這一百年間，英美關係到底是怎樣的呢？

事實上非常不好。一八一二年，雙方還打了一仗，英軍曾經攻占華盛頓，還一把火燒了白宮。不僅是中國人，很多美國人聽到這件事也感到意外——英軍居然曾經燒過白宮？是的，燒過。據說，白宮之所以是白色的，就是因為當初被燒得黑乎乎的，重建時為了遮醜，刷上了一層白。

這之後，英美之間雖然不打仗了，但關係很冷淡。在美國人看來，雖然同說英語，但英國和那些歐洲國家沒多大差別，都是熱中於殖民擴張的帝國主義者。美國的孤立主義，就是不想捲入歐洲那些亂七八糟的紛爭裡面去。對英國人來說呢，美國就是遙遠北美的一個失去的殖民地而已。英國關注的重點是歐洲大陸。

到了十九世紀末期產生了一些變化，因為實力在變化。在全世界製造業份額中，英國從超過30％下降到不足20％，美國則超過了30％，成了世界第一。在軍事上也開始不行了，英國海軍在海洋上的壓倒性優勢，也被德國和法國追趕。英國的世界霸權正在被動搖。

這就是當時的基本態勢。但是，英國是不是就此認輸了呢？怎麼可能？畢竟是當時的老大。你從後來第一次和第二次世界大戰英國的應戰方式就可以看得出來，這是一個有強烈求生意志和戰鬥精神的帝國。那英國和美國之間為什麼沒有爆發爭霸戰呢？

我又重看了一遍《帝國定型：美國的一八九〇～一九〇〇》這本書，注意到了其中的一個案例，就是「委內瑞拉危機」，通過這個事件就能看得出這兩個大國博弈的風格。

委內瑞拉在南美洲北部，它的一個鄰居是英國的殖民地，英屬圭亞那。一八四一年，一個英國地理學家對邊界做了勘探，然後就劃定了一條邊界線，叫「肖恩伯克線」。這就給後來的領土爭端埋下了隱患。委內瑞拉說，哎，你這條「肖恩伯克線」怎麼把我的一部分領土給劃到英屬圭亞那那邊去了呢？

剛開始，雙方還同意擱置爭議，畢竟那地方是不毛之地。到了一八七五年，爭議地區發現了金礦，這就沒法擱置了，談判，破裂，直到斷絕外交關係，危機開始了。

委內瑞拉知道自己是小國，較量不過英國，就打算把美國拉進來。美國原來也犯不上管這種事。但是正好，美國當時國內有經濟危機，迫切需要對內展示力量，總統克利夫蘭就任命了一個有名的暴脾氣的人奧爾尼來擔任國務卿。這奧爾尼脾氣有多暴呢？他外號叫「二十四英寸大炮」。他曾經一怒之下把親生女兒趕出家門，並發誓永不再見女兒。後來他還真就和住在同一個城市的女兒三十年不見面。有這麼個人主事，美國就迅速介入委內瑞拉危機，開始和英國直接對抗。

奧爾尼先是寫了一份長達二十頁的照會，發給英國政府。照會強調，我美國在美洲是有主導地位的，我是美洲老大，現在不是有領土爭端嗎？來，我要來當仲裁。

英國接到美國照會以後，為了表示傲慢，英國故意拖了幾個月才發出回覆。回覆的意思也很簡單，誰說你美國是美洲老大？你不能當仲裁。

拖了這麼長時間，得到的是這樣一份答覆，奧爾尼那暴脾氣，哪裡受得了？連夜起草了一份總統對國會的特別諮文。語氣特別嚴厲，已經接近於戰爭威脅了。其實美國就是在等這個發飆的機會。我又不是要在全球挑戰英國的霸權，這是我家門口呃，美洲的事情我做主，這是之前的門羅主義都宣布過的。來文的，來武的，我都有勝算。這是美國這個新崛起的大國對大英帝國的公開、直接的挑戰。

克利夫蘭諮文在國會宣讀時，獲得了參眾兩院的熱烈鼓掌。要知道這非常不尋常，美國參議院按照傳統是不允許鼓掌的。可見兩黨對強硬外交的一致支持。美國的國內輿論一下子被點燃了。一時間，美國社會到處都在談論和英國的戰爭。一些內戰老兵向陸軍部寫信請戰。有企業組織雇員穿上獨立戰爭時期的軍裝上街遊行。傳統的反英群體，比如愛爾蘭裔美國人，更是群情激奮，當時就要組成軍隊出征加拿大，因為加拿大那時候也算英國的。英美兩國似乎走到了戰爭邊緣。

這個時候，雙方的國家性格就開始起作用了。什麼性格？現實主義。

當時英國的首相索爾茲伯里，也是外交大臣，是名經驗老到的政治家。他判斷，別看美國喊得響，沒有真打仗的可能。畢竟雙方的軍備差得遠。索爾茲伯里給女王的電報中說：「如果我們保持平靜，美國人的情緒將慢慢消失。」他甚至拒絕召開內閣會議來商量這件事。

果然，美國最初的狂熱很快就過去了。商人的力量開始變大了。商人未必不愛國，但是他們更關注的是財產。商人因為擔心和英國開戰，大量投資者拋售股票，紐約證券市場遭到重挫，價值三百四十萬美元的黃金流出美國。克利夫蘭總統不得不又跑到國會發表了一篇諮文，不過這次不是打仗了，而是如何應對災難性的金融局勢。你關注錢，你就是個現實主義者，那緊張局勢自然就緩解了。

這時候，英美兩國坐下來談判委內瑞拉問題的時機就成熟了。那就談啊。結果是什麼呢？很有意思。美國是為了委內瑞拉出頭爭領土，但是談判的結果是，爭議領土全歸了英國。那美國不是服軟了嗎？不是。美國拿到的更多——雖然美國讓步，但是是在它仲裁下的讓步，也就是說，英國徹底承認了美國在美洲的主導地位！這裡面唯一的輸家好像就是委內瑞拉。對，大國相爭，小國的利益被犧牲掉，也沒什麼奇怪的。

從此，美國在西半球的霸權地位就確立了。英美兩國之間不會再有戰爭了，英美之間長達一個世紀的敵對關係結束了。這才有了後來兩國成為堅定盟友和霸權禪讓關係的佳話。

這個故事告訴我們：

第一，國際主導權，說到底是由國家實力決定的。上升期的大國，只要不著急，總有辦法找到把實力兌現為地位的方法。

第二，只要是兩個有現實主義傳統的國家，在一切問題上，總能找得到互相交易、各取所需的方法。一切事在人為。

永遠不要低估人性的頑固，
也永遠不要高估妥協的力量。
在大多數情況下，
共識是我們展現意志、
選擇夥伴的最終結果。

第10章

在那些重要的歷史節點上，人們是怎麼達成共識的？

從這兩個故事你能看出，歷史上只有一種方法是有效的，
那就是用堅定的信念影響所有人，如果有影響不了的，
那就把達不成共識的人排除出去。

怎麼在一大群人中，就一個重要問題達成共識呢？

過去我們認為，主要有兩種方式：一種是強權，另一種是妥協。

比如在很多人眼裡，民主政治就是兩派妥協，來達成共識的一種方式。是這樣嗎？

不一定。

比如，有一部口碑不錯的電影，叫《最黑暗的時刻》，講的是二戰中邱吉爾擔任英國首相後，領導抵抗納粹侵略的故事。這裡面有一個細節，可能不太符合歷史。什麼細節呢？

對於抵抗納粹這件事，影片裡邱吉爾雖然在政界表現得很堅定，但內心裡有不安和猶豫。直到他跑到地鐵上傾聽了人民的聲音，知道人民內心是堅決反對希特勒的，最終才下定決心，在議院發表了那篇著名的演講，堅決抵抗納粹。

歷史上真實的情況是怎樣的呢？邱吉爾態度自始至終都很堅決，他也沒有為了這件事下基層調研，就是在小黑屋裡，五個人開了五天會，把所有人說服了，一致通過：打！

當然，電影為了戲劇化效果做一些虛構，這可以理解。但恰恰因為這一點，我覺得這個虛構值得拿出來說道說道。

雖然它乍看起來很感人，政治很正確，政治家傾聽了民眾的聲音，最終下定決心作出了選擇。但是仔細想一想，回味一下，要是他接觸到的人民不願意打仗，那就不打納粹了嗎？

再進一步，一個在關鍵時刻承擔國家民族命運的政治家，這麼容易就被民眾的意見左右，這是應該的嗎？你是民眾選出來的，這意味著你應該用全部的勇氣、決心、信念和耐心，最大限度地實現民眾的利益。

這個電影把邱吉爾描寫成了一個因為民眾聲音才下定最後決心的政治家，是不是有點兒推卸責任的意思？

其實，歷史上的邱吉爾很固執，是個為了保護大英帝國利益一意孤行、不擇手段的人。他在那個普遍厭戰的時代，數十年如一日地呼籲對納粹要強硬。他是少數派，但他不需要與多數達成共識，因為他對自己的判斷有絕對信心。

我認識的很多人，對自由民主有一種誤解：就是講自由民主，一定要商討、要妥協、要達成共識。

其實在歷史上，自由民主的力量表現出強大戰鬥力的時候，恰恰是它不那麼講共識的時候，恰恰是某個魅力人物光芒奪目的時候。比如剛才講的邱吉爾。

再舉一個英國的例子。我們都知道，英國有一場「光榮革命」，怎麼回事呢？

話說一六八八年，英國有一幫人發動了非暴力政變，推翻國王詹姆士二世。那國王沒有了怎麼辦呢？從荷蘭請來了詹姆士二世的女婿來當國王，這就是威廉三世。

那你憑什麼白撿了這麼個便宜當國王呢？來吧，接受點條件吧——這就是限制王權的《權利法案》。從此，英國國王是「統而不治」，國家權力由君主逐漸轉移到議會。

為什麼英國人覺得「光榮」呢？因為這場革命沒流血就發生了變革。很多學者說，光榮革命好啊，沒流血是一種達成共識的智慧，體現了自由民主的協商精神。

不好意思，這種說法是錯的。

首先我們得明白，光榮革命的原因，不是一般的政治糾紛，而是宗教糾紛。當時西歐的宗教主要是兩大派別：天主教和新教。

天主教跟羅馬教皇是一夥兒的，主要支持者是法國人。還有新教，跟羅馬教皇是死對頭，主要支持者是荷蘭、丹麥，和後來德國的一部分地區。英國情況特殊一點，還有一個自創的教派：英國國教。這樣，就有三種宗教勢力在英國互相攪和。

這個國王詹姆士二世，他相信的是天主教。而當時英國議會大部分成員，相信的是國教或者新教。你說這有什麼，大家各信各的嘛？不行，這在政治上問題很大。

第一個問題，是國家主權問題。你想，國王信的是天主教，那按照天主教的教義，所有天主教徒都要聽羅馬教皇的。那到底誰才是英國的主人？

第二個問題，是國家關係問題。當時天主教圈子裡最有勢力的是法國國王，太陽王路易十四。英國和法國，是世仇，在海外殖民地上也有很多現實矛盾。

在議會裡的那幫英國國教和新教的人看來，我們英國為什麼要跟法國搞到一起呢？這不符合英國的國家利益嘛。所以，就推翻了信天主教的詹姆士二世，換上了他的女婿，信仰新教的威廉三世。

在議會裡主導這件事的，有七個人，他們就是光榮革命的功臣，史稱「不朽七君子」。

但是這事沒有完。威廉三世帶著荷蘭的軍隊登陸英國，詹姆士二世就連夜跑了，去法國搬救兵去了，他們天主教徒是一家嘛。

當時的法國國王路易十四也是很強大、很要面子的，於是就借給詹姆士二世六千兵馬。一六九〇年，詹姆士二世這位老丈人，就和女婿威廉三世在愛爾蘭打了一仗。詹姆士二世戰敗，這才分出勝負雌雄。

英國議會還不放心，直到一七〇一年又搞了一個王位繼承法，把信天主教的英國國王後裔，都排斥在王位繼承權之外，這才完全解決問題。

把「光榮革命」的完整歷史這麼講了一遍，你就發現，它並不是沒有流血，只不過是當時沒流，第二年雙方還是打了一仗來解決問題。

更重要的是，說「光榮革命」體現了協商精神也是錯的。英國國教和天主教之間達成什麼共識了？完全就是把天主教這一派給清除出去了。

剛才講了兩個和英國有關的故事。一個是邱吉爾，一個是光榮革命。但是本質上想講的問題是，共識是怎樣達成的？

回到剛開始的那個說法，強權用暴力壓服別人，能達成共識嗎？當然不能，我順從你，這並不意味著我跟你有共識啊。

那妥協可以達成共識嗎？也不能，民主是一種多數決原則的決策手段。你人多，我只能聽你的，但我跟你未必會達成共識。只是因為我將來還有機會上台，所以大家不會被逼急了使用暴力而已。

當然，妥協也經常有用。但是，那一般都是雞毛蒜皮的小事，或者是面向完全對這事沒有成見的人，才能達成共識。如果像這種大是大非，比如是不是抵抗納粹、信什麼宗教的問題，那妥協這種手段就徹底沒用了。

那什麼辦法才能在大規模人群中，就重要事項達成共識呢？從這兩個故事裡你能看出，歷史上只有一種方法是有效的，那就是用堅定的信念影響所有人，如果有影響不了的，那就把達不成共識的人排除出去。

這話聽著有點政治不正確，但是你想一個場景就明白了。

一家創業公司，我們需要有共識的人一起戰鬥，我們不需要豬隊友，對吧？那該怎麼做呢？

招一些人進來，然後用紀律馴化他們嗎？或者，用培訓和推心置腹的談話，說服他們或者遷就他們嗎？

都不對，效率都太低。

唯一有效的方式，就是嚴把招聘關，把沒有共識的人排斥在公司的外面，這是達成共識最快的方式。全世界排名第一的管理理念，非常簡單，就是「No Asshole」，沒有混蛋。

對，永遠不要低估人性的頑固，也永遠不要高估妥協的力量。在大多數情況下，共識是我們展現意志、選擇夥伴的最終結果。

只要有利於解決當前的問題，
所有合理的精神資源都要拿來好好利用。

第11章

古代的人們憑藉什麼控制局面、統治「天下」？

人類制度創生，往往都是遇到問題解決問題。
不能單擺浮擱地看一項制度的合理性，
而要歷史地看，在生成過程中去看。

01

「天下」——一次統治概念的創新

很多創新在今天看已經是常識，不足為奇，但是在它創生的那一刻，其實是非常艱難、非常智慧。

今天我們來看一個中國歷史上偉大的概念創新，就是天下觀。天下觀的具體話語表現就是那句「普天之下，莫非王土」。

你可能會說，這句話聽起來很霸道啊，不就是說天下所有東西都是他們帝王家的嗎？一個三歲小孩，霸道起來，也會說所有的玩具都是我的啊，這算什麼了不起的觀念創新？

所以，還是得回到創生這個觀念的時代，你才會理解它到底解決了什麼問題，到底有多了不起。

「天下」這個觀念，是由周朝人發明的。王國維先生說過一句話：「中國政治與文化之變革，莫劇於殷周之際。」

就是說，這幾千年的歷史大變革，最劇烈的一次，就是從商朝到周朝的這一次。請注意，王國維先生可是從晚清一直生活到民國的人，他知道鴉片戰爭，經歷過辛亥革命，為什麼他仍然認為最劇烈的變化還是商朝到周朝的變化呢？那個時代究竟發生了什麼？一般來說，王朝的覆滅，都是因為自身實力衰弱了，被內部敵人顛覆或者被外部敵人吞併了。但商朝並不是這樣，商紂王雖然在後世被稱為暴君，但商朝的滅亡，其實偶然性很大。

周只是商朝的很多諸侯國中的一個，還是比較小的一個，在西北的角上。商朝的政治中心在中原，人口可能在百萬以上。周的人口，據史學家估計，只有不到十萬。

周人抓住商紂王派軍隊攻打東夷的機會，聯合其他邦國，發動突襲。司馬遷記載，各邦一共出動了戰車三百輛，甲士四萬五千人，這就是牧野之戰。

商朝主力軍隊來不及趕回來救駕，紂王臨時拼湊了軍隊應戰，但部分軍隊譁變，導致戰場大敗，紂王自殺。商朝就此滅亡，周朝取而代之。

上古時期打仗，和後世的戰爭大不一樣。上古時期，生產力水平低下，軍隊的後勤保障什麼的，都還談不上，只能靠參戰者自己攜帶的一點口糧，不會出現兩軍大戰多日的場面，也談不上什麼複雜的戰略戰術，打仗基本就是一兩天的事。牧野之戰也是如此，當天就決出勝負。

這種一天之內決出勝負的戰爭，偶然性的因素就很大了，一方即使綜合實力更強，也可能發揮不出來。商朝基本就是這樣，滅亡時，實力並沒有明顯衰弱，只是輸掉了這關鍵一仗。

我們關心的重點在於，周人勝利得非常偶然，打天下容易，這天下可怎麼治理呢？商朝人還有很多，一些諸侯國也不見得順從周朝，而周朝自己的實力很弱小。僅靠武力，他們恐怕無法控制各方勢力的反撲。

那麼，他們怎樣才能「以小治大」、「以一治多」呢？

人類歷史上，絕大多數征服者都不用面臨這個問題。至少在征服時期，他們都擁有壓倒性的武力優勢。周朝人卻是在沒有武力和實力優勢的情況下，被一下子推到了中心位置。他們能控制得住局面嗎？他們靠什麼控制局面？

要想解決這個大難題，周朝人就必須發明一種新的政治制度，主要依靠制度吸引力，而不是武力威懾進行統治，也就是用制度優勢代替武力權威。「天下體系」就是周朝人給出的解決方案。

具體來說，周朝人需要給其他邦國提供一個共同的體系，其他邦國加入這個體系的收益，要大於不加入。這樣一來，即使沒有武力威脅，大家也樂於加入這個體系。

這在當時是一個巨大的創新。

在商朝的時候，當時成熟的政治概念是「天命」，天命降到了哪個部族的頭上，哪個部族就是天下之主。所以，商朝的統治者唯一要討好的對象，就是上天。怎麼討好？祭祀。怎麼祭祀？用活人。

所以，在商朝人看來，除了他們自己是人，其他都不是人，叫「羌人」，從字形你就看得出來，人和羊是一樣的，是可以任意宰殺的。當時除了商朝之外，所有人一旦成了商朝人的俘虜，都難逃這個命運，這是非常殘暴的。

在「天命觀」的政治觀念下，這是必然的結果。

可是，現在周人說，我們這次革命成功，「天命」不是降到周人頭上，而是降到周王頭上的。

這一字之差，什麼意思呢？就是我是天下共主，不是奴役你們的人，而是普世主義的政權，是要給你們所有人主持正義的。

這是當時全世界也沒有的政治觀念。人類社會最早是由一個個部落組成的，每個部落的傳統，都是維護自己的利益，掠奪別人的利益，打贏了你，要殺要剮都隨我的便。

只有周人這個弱勢的勝利者，才會發揮創造力，搞出來一個普世主義的「天下觀」。從這個角度，就可以理解周朝人「天下觀」的進步性和創造性了。

從這個角度，再來看「普天之下，莫非王土，率土之濱，莫非王臣」，是不是就沒有那種霸道的色彩了？

這是一句含情脈脈的話，是向當時的所有部落傳遞一個信號，我們周人來了，我們大家一起好好過。

那怎麼過呢？周人搞出了一個「天下體系」，主要是三個方面：分封制度、禮樂制度和德治原則。

商朝時候，實行的繼承制度是兄終弟及，為什麼？

這種繼承制度主要是為了保證戰鬥力。哥哥死了，哥哥的兒子往往還年幼，沒有戰鬥力；而弟弟一般是成人了，所以他來繼承。這也側面證明了商朝是一種暴力統治的邏輯，而周朝實行的是嚴格的嫡子繼承的宗法制度。今天我們不覺得這有什麼，但當時是一個巨大的創新。

周朝的嫡子繼承制加上分封制，導致的結果，就是每一層政治結構都是家族結構的放大，但各層的結構又類似。周天子在最高層，以下依次是諸侯、大夫等，每一層分別負責治理該層次的事務。

這種分封制的結構很像今天的網路，容易擴展，同時適應性很強。

周人的第二項制度創新是「禮樂制度」。它的作用是賦予生活形式以精神意義，也就是讓日常生活具備嚴肅性和精神性，創造出了「神聖性」。

這種精神價值不像物質利益那樣有排他性，而是可以普遍分享和傳播的，於是，共享同樣的精神價值就成為「天下體系」的有力支撐。和分封制度一樣，禮樂制度同樣是易於擴展的，作用類似於後世的「想像的共同體」。

周人的第三條是「德治」。「德」這個字那時候還是政治概念，指公正地分配利益。德治，意味著利益的普遍分享和公平分配，這也是「天下體系」吸引人的關鍵所在。

在當時的角度看，「天下體系」是一個多麼天才的解決方案，它一舉解決了周朝人面對的歷史難題。

那這個體系後來又是怎樣演化的呢？

02 一次創新，影響千年

聊聊周朝人創立的「天下體系」。

周朝人以弱勝強，打贏了商朝人，但怎麼鞏固統治呢？於是搞出了這麼一個「天下體系」。

本來，這只是周朝人為了自己獨特難題搞出來的一個解決方案，但是所有的好創新都是這樣，它的影響會極其深遠。

我們先看「天下體系」的第一個影響，就是打造出了「中國」的概念。

一九六三年，陝西出土了一件青銅器，上面刻有周成王建造東都的銘文，其中有一句是：「餘其宅茲中國」，大意是，我就把家放在中國這個地方了。這是「中國」這個詞組最早見於文字的紀錄。

周成王所說的「中國」，位置在今天的洛陽一帶，也就是傳統意義上的中原核心區。中原地區，被認為是中華文明的發源地。

現代中國是個地域遼闊的大國，東西南北的範圍早已突破了中原地區。那麼，周圍那些地區是怎麼併進來的呢？

常見的觀點認為，中國範圍的擴大，主要是因為先進的中原地區不斷向四周擴張、輻射影響，進而兼併了越來越多的落後地區和人群。

可是這不符合事實。一方面，在春秋戰國之前，並沒有看到成規模的吞併戰爭。另一方面，現在的考古學家發現，在遠離中原地區的蒙古、遼寧、西南等地發現的古文化遺存，水平並不比中原地區低。有的考古學家甚至提出，中國早期文明的真實狀況是「星斗滿天」——中原不過是其中的一顆星而已。

那就奇怪了，到處都有很發達的文明，而且也沒有劇烈的吞併擴張戰爭，那這麼大的中國是怎麼形成的呢？

這又要追溯到周朝人的「天下體系」了。周朝人靠宗法制度、分封制度、禮樂制度和德治原則這幾項工具，搞出了一個普世主義的天下觀念，等於是向所有部落發出了一個邀請：來，加入我的體系，加入這個體系，你的收益會大於成本。

這就像是今天大公司的投資，比如騰訊：來，讓我占你一點股份，我不僅給你錢，還給你流量，讓你在我的利益聯邦裡過得比原來還好。

周朝也一樣，當時中原畢竟在文化和經濟上有優勢，再加上這個「天下體系」的制度安排，對周邊部落就有了強大的吸引力。所以，周朝人是用中原的經濟文化優勢為基礎，以天下體系為槓桿，撬動形成了一個巨大的漩渦。

中國不是戰爭吞併的結果，也不是什麼簡單的交流交融，而是像一個漩渦一樣，一點點地把周邊部落給捲進來形成的。捲入的文明越來越多，中國這個歷史大漩渦也就越來越大，範圍越來越廣，從漠北到南海，從東海到西域，最終奠定了今日中國的領土範圍。這是「天下體系」的第一個結果。

第二個結果，就是中國擁有了一個強大的核心精神資源。

在商朝人看來，自己的統治是天命的結果，主要來自上天的恩賜，所以只需要討好上天。

但是周朝人說，不對，我們取代商朝，是因為我們有更多的德行，天命只降臨給有德行的人。

這就創造出了普遍意義上的統治合法性來源。任何統治者，如果失去了德行，也就失去了繼續統治的合法性，擁有更多德行的人就會取而代之。

這個創新不得了，這是用歷史和現實的神聖性，取代了上天神靈的神聖性。「天命」的意思不再帶有超現實的宗教性，而是現實的政治表現。

這就可以解釋，中國人的宗教感為什麼特別淡漠？

周朝之後，中國人的政治神聖性，完全建立在權力的現實表現上了，所以中國成為了歷史感格外強烈、宗教感卻很淡漠的文明。在中國，從此有史官而無祭司。統治者怕的不是鬼神，而是千秋萬世的罵名。後來中國的皇權統治為什麼那麼源遠流長？就是因為有這個精神內核，做為皇權暴力的解毒劑。

有了這個精神內核，天下體系的第三個結果就出來了，就是所謂「正統」。

我們平時說「大一統」、「正統」、「統一」、「統帥」，這個「統」字是啥意思？最開始的意思是指蠶絲的頭緒，後來衍生的意思是世代相繼的、不斷絕的系統。

「天下體系」把中國變成了一個有精神內核的文明漩渦，不斷地把周邊文明給捲進來。所以，不管怎麼爭鬥，大家爭鬥的目標不僅是土地和人民，最重要的還有這個漩渦的主導權，和這個精神內核的代言人的地位。

這是唯一的，不可分割的。它從精神側面解釋了中國為什麼會是一個長期統一的大國。

因為，天下體系是普世性的，不是專屬某個族群的。所以，任何人都可以使用這個精神資源。「天下體系」不排斥任何人，同時也就意味著有可能融合所有人。這就可以解釋為什麼少數民族入主中原，時間一長就會被同化。

有了這個「正統」觀念，中國也因此形成了一種獨特的文化，就是後代王朝要為前朝撰寫史書。雖然他們可能在戰場上廝殺得你死我活、勢不兩立，但新王朝一旦地位穩固，成了「新主角」，就有責任把周人開創的故事繼續講下去，讓歷史大漩渦繼續旋轉。新王朝和前朝在歷史上成了「一家人」，大家之間是先後繼承的關係。

歷史上這種「爭當主角」的例子很多了。比如，北宋和契丹人的大遼國對峙的時候，宋朝處於弱勢。但是遼國沒有另起爐灶，搞一個自己的精神內核，而是熱衷於占據中原文化的正統地位。遼太宗滅後晉時，獲得了秦始皇的傳國玉璽，遼人大喜過望，認為這是他們位居正統的象徵。他們也搞科舉，還在科舉中專門給舉子們出了個題目，讓大家寫一篇賦，就叫「有傳國寶為正統賦」。我有玉璽，所以，我是正統。

再比如，朱元璋推翻了元朝以後，遇到一個大難題，在歷史敘述中拿元朝怎麼辦？元朝在很多方面都不符合正統的儒家王朝，但「天命」說認為一定是有德者得天下。蒙古人畢竟曾經打下了天下，沒有德行，未得天命，怎麼可能打下天下？怎麼解釋這事？

思前想後，朱元璋還是決定，繼續講老故事，於是把元世祖忽必烈列入了歷代帝王廟，也就是放進了中國正統皇帝的序列。元朝就此成了中國的朝代之一。其實，當時的蒙古人未必這麼看。

當然，清朝是一個更典型的例子了。不管中原人歡迎不歡迎，清人雖然殺漢人，但還是一頭栽進了周朝人開啟的這個歷史大漩渦，自稱「天命歸之，遂有天下」。後來的清代皇帝，推廣這套文化比漢人還要賣力。

就這樣，隨著大漩渦越來越大，中國的範圍也就越來越大，一直擴展到古代技術條件下的地理極限。其間雖有進進退退、分分合合，但是就像三國演義裡說的，「天下大勢，分久必合，合久必分」，分，終歸是一時；合，終歸是大勢。

所謂政治，
就是要解決大範圍內的
人和人之間的關係問題。

第12章
相比古代政治，現代政治有什麼本質的變化？

古代政治建立在價值觀上，所以經常在實務問題上就顯得很不理性。而現代政治，擁有太多的工具和手段，所以更是一種理性的政治。

古代政治和現代政治到底有什麼區別？這是一個重大的主題，學者給出了很多答案。想給大家分享一個小故事，這其中也折射出了一個很有意思的角度。

什麼故事呢？

話說明代有一個人，叫沈榜，一輩子官當得不大，基本上都是縣令這一級別的官員。但是他在歷史上有一個很有趣的貢獻，就是留下了一本書，叫《宛署雜記》，一共二十卷，是他在萬曆年間當宛平縣知縣期間寫的。其實就是他的博客了，記載了各種雞毛蒜皮的小事。

但是在後代人看來，這都是當時社會政治、經濟地理、風俗民情的寶貴資料啊。這部書之所以重要，是因為宛平縣不是一般的縣，屬順天府，就是北京，是天子腳下。宛平縣，管的就是今天北京城西南部這一片，著名的盧溝橋「七七事變」，就發生在這裡。

《宛署雜記》當中，寫了很多當時的財政事務，從這些數字中，你可以看到大明朝的運作機制。

過去我們印象中的知縣大老爺，天天審案子、收稅、吃香喝辣，威風八面。其實哪有那麼簡單，一個縣的事務非常繁重，光賦稅一項，就是一個非常頭疼的事。

宛平縣就那麼大一點地方，賦稅負擔有多重呢？

首先，縣裡的公共事務要辦吧？當時的主要公共事務是這麼幾項——

一是宣講大明朝價值觀：

明朝規定，除了農忙時分，每個月都要宣講。宣講內容包括皇帝的公開講話、國家法律和道德勸說。

宣講的時候，知縣要跟在府尹後面，恭恭敬敬地迎接宣講內容，然後在特定地點把這個對著當地有名望的老人念一遍，由他們向民眾傳達。

二是祭祀祖先天地：

每個縣都要祭文廟、祭天地，這也基本是知縣帶頭。但宛平縣還有特殊任務——這裡離北京城很近，要撥人參加天壇、地壇的維護與祭祀工作。

而且每年皇帝都要在地壇「親耕」，以示對農業的尊重，相當於今天領導植樹節種樹，宛平縣要專門選拔老人家去跟皇帝一起參加。

還有一筆費用是養老：

當時每個縣都有養濟院，給孤寡老人發生活費。

沈榜專門記載了很有意思的現象，那就是外地老人覺得京城福利好，專門跑來京城的養濟院要錢，不給的話就成群結隊在京城裡乞討。地方官怕承擔政治責任，只好發錢。

另外還有一筆大支出，就是縣衙門裡的人也要養活。

宛平縣衙裡有四十三個人，其中五個人是官，他們的工資是中央發，一年九十石大米，是吃皇糧的。剩下三十八個人都叫吏，這些人的收入可就要從宛平縣的財政裡出錢了。

這還不算完，要知道，明代可沒有今天的轉移支付制度。什麼叫轉移支付呢？簡單理解就是，地方把所有賦稅都上繳中央，再由中央來統一撥付給需要的地方的制度。明代那個時候，一個地方的賦稅，一部分上繳中央，還有很大一部分，是中央制定用途，你自己給繳過去，是點對點的財務支援。

就像宛平縣，除了繳皇糧國稅之外，還要點對點地支援很多地方。比如，當時科舉考試中的殿試，用的一些物資是宛平縣負擔的；還有一部分皇宮裡的開支，比如浣衣房、藍靛廠和光祿寺，宛平縣負擔；還有京郊軍隊的馬糧，也是宛平縣負擔。

所以這沈榜也不容易，別說什麼審案子之類的事，光是安排財政，負擔就非常重。

沈榜上任不久，就發現自己面臨嚴重的財政虧空：一年三、四千兩銀子，這對於一個縣來說是鉅款了。那怎麼辦呢？這個沈榜很聰明，想出了一個很有現代色彩的處理手法：政府搭台，經濟唱戲。他聯合旁邊的大興縣，修了一條商業街，把這條街上的房子出租給商戶，收鋪稅。這一項給當地財政帶來的收入是每年一萬兩銀子，不僅補足了虧空，還有盈餘。

但是好景不長，萬曆十年大旱，根據當時人信奉的「天人感應」的理論，這說明皇帝的德行出了問題。怎麼辦？需要改革，需要施行仁政。施行仁政就要免稅啊，於是皇帝一紙詔書下來：免鋪稅。沈榜好不容易到手的這每年一萬兩銀子就要飛了。皇帝說免稅很容易，但是再落下虧空怎麼辦？縣衙裡的工資發不發？那些公共事務辦不辦？還有，那些點對點的財政支援要不要搞？沒錢怎麼搞？

沈榜急眼了，就問上級，怎麼辦？上級的回覆是：你看著辦。看著辦是怎麼辦？其實就是沒辦法，只能不辦。

這件事就折射了古代政治和現代政治的區別。

所謂政治，就是要解決大範圍內的人和人之間的關係問題。古代政治，沒有那麼多技術手段可以用，所以在古代政治中，用價值觀來整合大範圍的人的行為是非常重要的。有了這些價值觀，政體的運行才能更潤滑、更順暢，成本才更低。

明白了這一點，你才知道，為什麼中國古代那麼強調儒家思想。比如忠君愛國思想，這就極大降低了政權壓制反抗的成本。

比如「萬般皆下品，唯有讀書高」的思想，社會才能產生那麼大的政治精英集團。西方也一樣，越是古代的政治，就越是強調觀念、宗教的作用。用思想和價值觀來管理龐大的政治共同體，在古代都是成功的。

回到前面講的沈榜的例子，萬曆皇帝和他的官僚系統難道不知道，一免稅，下面的基層官員會作難？

當然知道。但是那不重要，重要的是要向天下展示皇恩浩蕩。這就是現代政治和古代政治的一個核心區別。古代政治建立在價值觀上，所以經常在實務問題上顯得很不理性。而現代政治，擁有太多的工具和手段，所以更是一種理性的政治。

政府要承擔公共責任，要花多少錢？收多少稅？怎麼花？誰來花？誰來監督？怎麼改進？這都是有一整套程序的。這程序的背後，是龐大的理性的官僚機構。

所以，古代政治更像是一個宗教團體，是靠觀念來整合人。現代政治，更像是一個公司，是用理性計算來整合人。

這也從某個角度順便解釋了，為什麼現代政治的發源地是歐洲。歐洲中世紀小國林立，大家彼此競爭，就像開公司一樣，財務一旦出問題，你就會破產，所以你得理性地計算自己的收支平衡，多少錢拿來發工資？多少錢拿來擴大投入？競爭壓力逼迫它們不得不建立起非常理性的政府管理體制。

這才推動了歐洲國家向現代政治制度發展。

如果社會福利是一項權利，
就必須有一個客觀標準；
如果是一項責任，
當然就要優先選取那些最該幫、
值得幫的對象。

第13章

社會福利是怎麼回事？

說到底，人是社會中最重要、最主動、最可靠的因素。

我們這代人，有一個非常流行的觀念，就是國家應該承擔老百姓福利，像醫療、教育、最低生活保障等等。這個觀念的源頭，一般我們都認為是西方國家。

其實在西方，福利社會也是一種現代化的產物。中世紀時候，歐洲那些國王，在歷史書中的主要形象是打仗的騎士，而不是救濟貧民或者領導民眾共同抗災的領袖。

就算在現代化開始之後，西方人也沒有這個觀念。比如十九世紀的英國，也就是所謂的「維多利亞時代」，英國人的普遍觀點仍然是：即使社會應該有一些扶貧濟困的措施，也應該盡可能是低水平的。窮人住到福利院裡面，不僅條件要差，而且也不能給他們尊嚴。

富人為啥這麼心狠呢？其實是怕形成「養懶漢」的後果。

一直到十九世紀後期，德國首相俾斯麥才提出建立對大眾的社會保障制度。爾後又經過一系列的發展，一九四二年英國發布著名的《貝佛里奇報告》，這才提出全面建設福利社會。

這當然是一件好事，但是這套制度運行才幾十年，就已經產生了眾多惡果。民眾看來，稅收最好是只減不增，福利最好是只增不減。社會負擔越來越重，有的國家經濟運行已經出現困難。當然更重要的是，一百多年前英國人擔心的那個「養懶漢」的後果，還真的就發生了。現在，這套福利國家的觀念，在西方還能不能持續下去，已經是前途堪憂了。

但是，今天我們想談的是中國。我們可能忘了，中國的社會福利制度，其實歷史要悠久得多。

從大禹治水開始，政府在抗災救濟方面就承擔著領導責任。先秦的時候，就已經系統總結出「荒政十二條」，也就是在遇到災荒的時候，政府應該做的十二條配套措施。從戰國開始，中國歷朝歷代政府都建有「常平倉」，在好年景購進糧食儲存起來，預備歉收年開倉放糧所用。

這不就是社會福利制度嗎？

問題來了，西方福利制度幾十年就已經陷入困境，那中國的福利制度，為什麼能夠運行幾千年？這中間的區別是什麼？

最根本的區別，是觀念上的。

在西方的福利制度中，接受福利是公民的權利。美國羅斯福總統提出的「四大自由」：言論自由、信仰自由、免於匱乏的自由和免於恐懼的自由。其中「免於匱乏的自由」，就是把享受福利保障列為公民的基本人權。這在當時，可以看作是人類文明的進步。

但是時間一長，大家習以為常之後，隱患也就出來了。

在西方發達國家，只要一個人的收入低於某個標準，哪怕他的真實生活水平並不低，甚至比很多發展中國家的中產階級水平還要高，但只要他符合法定的「窮人標準」，那他就有權利讓別人養活他。

請注意，既然是他的權利，那就沒有人可以剝奪，他也沒必要有任何慚愧，甚至沒必要對誰表達謝意。這是他根據法律應該得的，這是一種觀念。

那中國古代的社會福利觀念呢？

中國人沒人認為接受來自國家或者他人的救濟、幫助，是自己的「權利」。中國人的觀念是反過來的，社會福利是國家對民眾的「責任」。

一旦遇到水旱災荒，國家要承擔起救災的任務。在平時，如果有人實在有困難，比如殘疾、年老、鰥寡孤獨這種極端情況，官府、宗族、親朋都有責任幫一把，所謂憐貧恤老嘛。

福利的目的在於解決具體的困難，而不是為了滿足某種權利，中國人是「救急不救窮」的。

中國的這套福利社會的觀念，一直運轉良好。雖然絕對水平不高，但它成了增強社會認同、緩和政治矛盾的有效手段。

但是話說回來，如果你是因為個人主觀原因，不願意勞動，再窮也沒人管你。哪個村都有所謂「二流子」，大家不僅不會管他，而且還會在道德上鄙視和譴責他。

如果社會福利是一項權利，那麼就必須有一個客觀標準。那就必然導致要按照收入來劃線，而不能考慮這是不是因為他本人不愛勞動。

而如果社會福利是一項責任，反過來了，在資源有限的情況下，當然就要優先選取那些最該幫、最值得幫的對象。所以在中國，社會福利才不會導致

「養懶漢」的結果。

其實，達到這個效果，還有一個重要的原因。西方福利，主要就是發錢，國家是不能對老百姓說三道四的。但是中國古代，政府除了救災、扶貧、濟困，還有一個責任，就是道德教化。

比如明太祖朱元璋，他頒布了一篇《教民榜文》，其中有這麼六句話的「聖諭」：孝順父母，尊敬長上，和睦鄉里，教訓子孫，各安生理，毋作非為。

這是一個欽定的百姓公約，裡面是百姓要遵循的基本道德規範。除了到處張貼這六句話以外，朱元璋要求每鄉、每里各置一個木鐸，類似鈴鐺。在本地內選擇年老或者殘疾、不能幹活的人，手裡拿著木鐸，在本鄉、本里邊走邊搖晃這個鈴鐺，邊呼喊《教民榜文》裡的這六句話。

這種巡行鄉里的活動，每月要搞六次。到秋天收穫時節，由各鄉里給巡行呼喊的人提供糧食和生活費用。

在中國文化中，這是一個非常強的傳統。不僅是朝廷和官府，就是普通百姓的宗族和家庭，也特別重視這種道德教化，這是一種普遍的社會自覺。

就連我們從小到大，無論是政府、長輩，還是老師，反反覆覆地嘮叨：要上進，要學好，要自力更生。聽得我們耳朵都磨出繭子。

但是，你可別小看這種教化的力量，幾千年下來，在中國社會內部造就了一種內在的社會提升力。危難時刻，互幫互助，但是在道德上又絕不縱容那些不勞而獲的人。

這種傳統，讓中國文明保有一種強大的反墮落能力。因此，中國歷史雖然朝代更替，但文明卻一以貫之，千載不絕，歷經一次次劫難而復興。

說到底，人是社會中最重要、最主動、最可靠的因素。

過去總有人講，制度比人重要。從更長的歷史尺度上來看，制度的確比人重要，但是對人的不斷提升的精神傳統，比具體的制度更重要。

一個系統對人的態度，
對制度建設的誠意，
實際上在它決定怎麼賺錢的那一刻，
就已經定下來了。

收入來源會反向塑造組織的行為方式。

第14章

古代的「財政」和今天一樣嗎？

一個系統對人的態度，對制度建設的誠意，
實際上在它決定怎麼賺錢的那一刻，就已經定下來了。

01

稅收的變化

我最近讀了一本書，劉守剛老師的《中國財政史十六講》。本以為是本很枯燥的學術書，但是，看進去之後，才發現別有洞天。這本書顛覆了過去我們對「財政稅收」這個話題的基本理解。

過去我們總覺得，財政稅收，就是政府從民眾手裡提取財富，重要的話題，無非是三個。第一，稅收多還是少，不能收多了把老百姓逼急了，要輕徭薄賦。第二，政府怎麼收，才能更加公平和高效。第三，收稅的過程中，怎麼避免腐敗。

你看，這三個問題，都是政府該關心的。老百姓的心思從來一樣，能少收就少收，最好不收。至於那些政府的問題，我們為什麼要過問呢？

但是看了這本書才恍然大悟——稅收不僅是一個單向的政府收稅的過程，

也是一個反向塑造政府的過程。說白了，有什麼樣的稅收，就有什麼樣的政府。稅收，不僅是一個全民該關心的話題，而且也是民間社會參與國家制度建設最重要的方法之一。

我們先來看一個簡單的道理，傳統的農業社會和商業社會到底有什麼區別？

傳統的農業社會，政府的稅收主要來自土地。土地無法移動，也難以隱藏，民眾逃避稅收的可能性就很小。

於是我們便看到，農業社會政治的壓迫性要比工商社會嚴酷得多。因為對傳統農業社會的政府來說，徵稅時固然也要考慮社會的承受能力，但是只要政府擁有足夠的武力，民眾就得老老實實地繳稅。反過來說，這種收入來源也促使政府把執政重點放在確保武力優勢上，那當然就是嚴酷的壓迫性社會。

而反過來看那些工商業社會，工業、商業創造了大部分財富。政府要從流動資產上徵稅，比從土地上徵稅就難多了，因為民眾隱匿流動資產的手段多得多。徵收商業稅，政府的武力雖然也有用，但效果要大打折扣。實在把商人逼急了，要嘛跑掉，到別處做生意，或者乾脆少做生意。因此，工商社會政治制度的壓迫性就小得多，協商性、開放性要強得多。

從這個角度來看制度建設，就會豁然開朗。比如，議會制產生於英國，過去我們從文化、政治觀念等角度來解釋，但是從稅收的角度也能解釋。因為英國靠商業立國，政府稅收主要來自流動資產。當政府需要更多錢時，比如要和法國人打仗了，僅僅依靠武力強行徵收，很難擴大收入。增加稅收必須取得民眾的支持，至少是默認。

於是，吸收工商業代表進入政府，直接參與稅收法案的制定和執行，就成了水到渠成之事。不過這樣一來，議會就擁有了制約國王的權力，議會制在國家落地生根。

所謂「無代表不納稅」這種看起來很先進的觀念，實際上不是什麼制度優越性的結果，根子是在稅收方式上。

有了這個基本觀念，其實我們就獲得了看歷史的另外一個工具。

比如，為什麼中國從清末開始，國家也開始了現代化過程，有了很像樣的工業，但是社會建設就是不行。一直到一九四九年，農村社會的變化實際上不大。為什麼？其實也可以從稅收來源上找原因。

清政府後期，主要稅收增長是來源於海關，一度達到了四分之一。你想，在農村收稅，那個成本多高啊。就算沒有抗稅，僅僅挨家挨戶把稅收上來，就是一個耗費巨大的工程。

但是海關就不一樣，在港口設一個衙門就行了，數額又大，又穩定。只要國家貿易在增長，稅收就在增長。

國內缺乏海關專業人才，清政府乾脆聘請英國人赫德擔任海關總稅務司。過去我們總說，赫德一個洋人擔任中國的海關總管，這是喪權辱國的表現。但是你想，赫德一幹就是半個世紀，和清政府上上下下關係那麼好，這恐怕就不是強加的，而是朝廷自己的需求了。

表面上，這是一件好事，但是往深一想，關稅的特點是徵收簡單，對國家整體社會環境的依賴不高，政府只要能確保主要進出口岸的正常秩序即可。不需要建立複雜的財政機構，不需要對經濟進行有效管理，也不需要健全和完善國內的公共設施。那怎麼可能花心思搞內地農村地區的建設呢？

民國之後，這個現象就更明顯了。國民黨政府，它的主要稅收來源是江浙的工商業和上海的海關稅收，對內地的治理可有可無。所以，當然就把廣大的農村地區讓給了共產黨去經營，最後的結果大家都知道了。

國際上的例子是十九世紀的拉美國家。當時，關稅收入占拉美國家收入的一半以上，比清末的中國還要高。這種收入結構，不但造成拉美國家長久貿易保護傾向，還直接導致了這些國家制度建設的嚴重不足。這些弊端延續至今，嚴重阻礙了拉美國家的經濟和社會發展。

從稅收這個視角，也可以理解現在很多國家的現狀。

比如，如果一個國家主要靠尋租型收入，就是指那些不依靠生產，而是通過特殊資源獲取的收入，比如中東國家依靠出售石油獲取收入。

這對國家發展的危害尤其明顯，經濟學家稱之為「資源詛咒」。特殊的自然資源是先天形成的，和國內制度建設、市場環境、人民素質等等都沒多大關係。政府只要嚴密控制這些特殊資源，就可以確保收入源源不斷，自然也就沒有興趣去做艱苦的國內制度建設。

這種國家，短期內收入會很多，甚至能給老百姓發很多錢，但代價是國家制度長期不上正軌。社會潛伏著各種危機。國家和人民之間，沒有互相制約、互相促進的共同激勵，國家的認同感、整體性都有很大問題。稅收本是國家大事，對我們個人來說，分析這個問題的啟發是了解一個重要的規律：收入來源會反向塑造組織的行為方式。

就拿公司來說，公司也是一種組織，它也是被收入方式反向塑造的。比如，靠牌照賺錢的公司，最重要的是保住那個牌照，至於人就無足輕重了。不管它怎麼高喊重視人才，你都不要信。一個想發展的人，要離這種公司遠遠的。

一些大型製造業公司，主要依靠特殊的、昂貴的設備賺錢。一個人在這種公司裡之所以重要，是因為你能和物綁定，比如熟練掌握操作專用設備的技能。設備和技術一過時，人的價值也就消失了。

而在那些主要依靠人來賺錢的公司裡，個人的重要性和未來的發展空間就要廣闊得多。當然，同時對員工個人的要求也高得多。最典型的是律師事務所，和各種創意類公司。他們的老闆說尊重人才，那才是一句掏心窩子的真話。

一個系統對人的態度，對制度建設的誠意，實際上在它決定怎麼賺錢的那一刻，就已經定下來了。

02 土地與稅收

從稅收的角度理解中國歷史，就不是唐宋元明清的朝代歷史了，而是有一條貫穿始終的主線。這條主線，就是從收「人頭稅」到收「田畝稅」。國家從數人頭收錢，到數田產收錢，就這麼簡單。理解了這根主線，中國歷史上的很多現象就可以得到全新的解釋。

農業國往往都是按土地收稅。因為土地是固定的，莊稼長在上面，國家的主要財富都沉澱在土地上面，跑也跑不掉，國家只要有暴力手段，不怕稅收不上來。那為什麼早年的中國王朝不按土地收稅，而要收人頭稅呢？這不是捨近求遠嗎？

原因有三個。

第一個原因很好理解，中國是從中原開始向周邊逐步擴展的一種文明，剛開始的時候地廣人稀。社會的形式是分散在各處的聚居點。一出了聚居點，到處都有沒開發的土地。

這種情況下，你要是按照土地徵稅，那你徵吧，我種別的地去。這還怎麼徵？所以，在周朝以前，人是比土地更好的稅收基礎。第二個原因，跟當時的國家支出的形式有關。剛開始的時候，國家機構很簡單，支出無非這麼幾種，統治者家庭開支，要吃要喝、祭祀、打仗、公共工程，就這麼幾種。不像後來，國家的支出形式非常複雜，比如得有官員俸祿什麼的。

這些簡單的支出形式，最方便的徵稅方式當然就不是收錢或者是實物了，而是直接讓老百姓來幹活，也就是服勞役。就好像村長家裡要蓋房，村裡的男人都來了，一起忙乎幾天，村長家的房子就蓋起來了。祭祀，也是你家出點什麼，他家出點什麼，眾人拾柴，典禮就辦完了。

甚至打仗時，也是大家自帶武器、糧草等集合起來去打仗，並沒有專門的軍需後勤部門。大家主要是出人出力。這種勞役，本質上就是人頭稅。

第三個原因，就是圍繞土地稅的各種技術條件，剛開始是不具備的。這裡講的技術，還不只是什麼土地丈量技術，而是各種管理技術。比如，你要收土地稅，那就必須有複雜的官僚系統，底層官員得能夠了解各地的情況，能夠判斷土地的收成，決定稅率。或者根據水旱災害的情況，及時提供賑濟。

有了這些底層官員，就必須有一整套甄別、升遷、流轉的方法，至少還得有起碼的反貪汙手段。在那個時代，這種技術難度是無法想像的。實際上，直到近代以前，在大範圍內收土地稅的技術，歐洲一直都沒有發展起來。

舉個例子你就明白了。

上世紀八〇年代的時候，中國剛剛開始興起各種集貿市場，你做生意，國家當然要收稅，但問題是怎麼收？稅務員不可能蹲在每個攤位跟前數他一天賣了多少錢，所以，只能是一個攤一個月，不管賣多賣少，統一繳稅多少錢。其實這本質上就是人頭稅。

後來直到九〇年代，才出現那種統一繳款的大商場，稅務部門才有條件根據營業額收稅。這背後其實是技術的大升級。中國歷史早期，只能收人頭稅，就是被技術限定的結果。

收稅的方式受制於很多因素，剛才分別說了人口、費用、技術這三個因素，但是這些因素都是在變化的啊，人口越來越多，土地變稀缺了，土地稅就變得可能了。

國家支出越來越多樣化，只靠人頭稅就漸漸應付不了了。統治技術漸漸發達了，原來幹不成的事，就可以幹了。

從宏觀上講，中國從收人頭稅，到收土地稅，按說應該是一個自然演進的過程。但是，看這本《中國財政史十六講》，給我最大的感觸是，這個演進不僅不是自然的，而且是充滿了痛苦的，不到山窮水盡，歷代統治者是不願意推動這個進程的。

為什麼？想來也可以理解，收人頭稅還是簡單，稅收成本低。有容易的錢可賺，誰願意賺困難的錢啊？

就拿漢朝來說，那個時候已經有了一些土地稅。還記得中學歷史課本上有記載，「文景之治」的時候，土地稅非常低，低到了十五分之一甚至三十分之一的程度，也就是「十五稅一」和「三十稅一」。

其實，當時的實際稅收沒有那麼低。漢帝國之所以田稅徵收那麼低，是因為多要也收不上來。還是那個老問題，很難統計土地的數量。無奈之下，只好採取「舍地而稅人」的辦法，也就是徵收人頭稅。當時的人頭稅名為算賦和口賦，負擔也不算輕，歷史上稱之為「輕租重賦」。

簡單理解，租就是土地稅，賦就是人頭稅了。這一輕一重，就可以看出統治者是怎麼想的了。

結果是什麼？漢朝後來的歷史已經完整地演給我們看了。首先，按人頭收稅，窮人富人繳得一樣多，這顯然不公平。更重要的後果是，豪強大族開始崛起，因為只有他們可以隱匿人口，逃避人頭稅。最後，政府的稅源漸漸枯竭。世族還成為政治上的強大勢力，直接威脅中央權力。

所以，只要是政府貪圖收好收的人頭稅，社會治理的水平就很難提高，朝廷的權威就很容易受到挑戰。這個教訓，後來的王朝都看到了，但是改起來非常困難。

中國歷史上那麼多王朝，往往都有這樣一個循環，王朝剛開始的時候，收好收的人頭稅，比如唐代的「租庸調製」，本質上就是人頭稅，到後期，財政危機出來了，才下力氣改革，改成更重點收土地稅，改革成功，王朝就能延續一段。比如唐代後期宰相楊炎的「兩稅法」，明代後期張居正的「一條鞭法」，本質上都是被迫進行的改革。

這種改革為什麼困難重重？就拿明代的張居正改革來說，他要搞「一條鞭法」，按土地收稅，那就有一個前提，就是全國清丈土地。總得摸清各個地方有多少土地，你才能收土地稅啊。

可是明朝當時使用的土地檔案，就是所謂的「魚鱗圖冊」，有的是從明太祖那時候就沿用的，全國幾百年的爛帳，重新翻一遍，你想，得動多少人的利益，得給地方上管清丈的官員多少貪汙的機會？

就說一個最簡單的，你張居正本事大，皇上支持，好，難免就有官員為了政績，多報清丈出來的土地。反正多繳稅是老百姓的事，地方官先搞出政績升官再說。有史料記載，浙江就出了這樣的問題。所以，一次全國清丈，不出大問題，這是多麼困難的行政工程。不是張居正這樣的人，還真是很難辦到。

中國歷史是一直到了清代的雍正年間，才「攤丁入畝」，把這個幾千年的老大難問題徹底搞定。這背後，其實不是哪個皇帝的意志，而是官僚系統成熟，中國古代政府治理水平提高的結果。

如果不是迫不得已，政府不會去收難收的稅。而一旦開始收，就會倒逼政府去改善對於稅源的治理，最終是政府能力的成長。

這是一個有趣的邏輯。對政府來說，最不願意做的事，反而是受益最大的事。

03

中國古代稅收遇到的問題

中國古代財政稅收最根本的困境是什麼？是缺錢嗎？不是。中國歷來是一個大國，和其他文明橫向對比的話，中國統一王朝的財力是非常雄厚的。

農耕地帶，稅收的成本很低，能聚集起來的財富總量也很大。那還有什麼困境呢？農耕文明的財富特徵是剛性太大，彈性太小。畢竟是靠天吃飯，土地上的產出是相對固定的，這就塑造了中國歷史的一系列特徵。

首先一點，中國王朝的財政就是一種「量入為出」的財政。財富總量就那麼大，所以，一個時代對應的帝國政府的職能就只能那麼多，有多少錢辦多少事，這和西方古代商業社會的財政原則就不一樣了。

西方商業社會，可以「量出為入」，需要辦多少事就收多少錢。為什麼？因為商業和對外戰爭，完全可以在市場和戰場上把花出去的錢收回來，他們的財政狀況彈性很大。

從這個角度，你就可以理解了——

為什麼中國古代文明對外擴張的動力不大？王朝再強大，財政稅收也是它的制約因素，有這根線牽著，風箏怎麼也飛不遠。中國人每年的收入是有限的，對外戰爭的收入是不穩定的。

為什麼儒家對皇權的約束能力那麼強？因為錢就這麼多，用途也都事先定好了。皇帝雖然權力至高，但實際上可任意操作的空間並不大。

這本來是一件好事，但是它也帶來一個問題。

量入為出、輕徭薄賦的財政制度，應付帝國的日常狀態沒有問題。但是，當危機到來，需要大幅增加政府開支的時候，怎麼辦呢？危機主要來自兩個方面，一是內部悄悄生長的因素在耗盡財政資源。

舉個例子，明太祖朱元璋對自己的子孫非常照顧，一輩子什麼活不用幹，就可以從國家領俸祿。剛開始，這一大家子吃國家財政，能吃多少錢？所以這不是個多大的問題。可是，到了兩三百年後，這個問題就嚴重了。

據徐光啟推算，明代皇族每三十年人口漲一倍，朱元璋的時候是五十八人，到永樂年間，漲到一百二十七人，到嘉靖三十二年，漲到一萬九千六百一十一人，萬曆年間漲到八萬多人。到明末，則有一百多萬人。

那種「量入為出」的國家財政當然就不堪負擔了。

還有一種危機是外部危機，比如北方游牧民族的進攻，那就要大幅增加軍費。錢從哪裡來？這也是農耕國家的剛性財政負擔不了的。宋朝和明朝的滅亡，都可以找到這種財政上的原因。

解決思路之一，就是找到彈性的稅收源頭。既然土地出產是剛性的，那什麼是彈性的呢？

在農耕社會，最大的彈性收入，就是所謂暴利性資源商品，主要指的是鹽和鐵，後來又有茶葉這類成癮性商品。在歷史上，這些商品都是由國家專賣，原因就是它提供了財政上的彈性。

可是這種商品也有一個難題，放在政府手裡經營吧，效率實在太低，收入有限。放給民間經營，然後政府收稅吧，效率是提上去了，但是危險也大增。

畢竟，誰控制這些暴利性資源，誰就能輕鬆獲得巨額收入。私人擁有巨額收入，既可能成為對政權的威脅，也可能成為豪強勢力，導致社會失衡，激化社會矛盾，比如清末的鹽商。所以，這個解決思路也不靠譜。

聽到這兒，你可能會說，那既然剛性稅收是一個基本困境，那就應該向西方學，發展商業，而不是像中國古代政府那麼愚昧，搞了幾千年的「重農抑商」，把自己的財政彈性搞得那麼小，危機來了沒錢花，這不是自找的嗎？

問題沒有那麼簡單，在龐大的中國引入商業，它會引發一正一反兩個效應。

第一個效應是，如果社會管理能力不升級，比如引入議會制，建立強大的遠洋艦隊等等，商業稅收根本就收不上來。

第二個影響是，如果這套能力建設完成了，可以收上商業稅了，那也就意味著社會結構已經徹底改變了。但在古代社會條件下，這一定是好事嗎？不一定。

商業社會，本質上是一個網絡，是一種不斷處於變動中的擴展秩序，這句話很重要。它是一個網絡，所以它就不可能單獨生存。商業社會的興衰是取決於周邊環境的，取決於它在網絡中的位置的。網絡一變，一個商業社會的生存條件就變。

它是一種變動中的擴展秩序，這意味著，一個商業社會要麼就在擴張中，要麼就在萎縮中，它很難保持穩定。

人類古代歷史上的商業社會，發達的時候如烈火烹油，衰落的時候如大廈將傾，文明的穩定性很差。

你看，絲綢之路上那些曾經發達的綠洲國家，著名的像樓蘭古國，而今文明都滅絕了。再比如我們中國的那些著名的商業城市，比如揚州，原來在運河的商業網絡中，極盡繁榮，但是運河一衰落，揚州的衰落就是定局。

其實西方文明也是這樣。羅馬帝國的內部商業非常發達，但是一旦崩潰，就再難復興。很多人都看過前些年那部著名的紀錄片《大國崛起》，可你想過沒有，為什麼西方大國崛起和接力賽一樣，一個國家崛起之後衰落了，就再也不會復興？

因為航海和商業都是複雜的協作體，往往需要很長時間才能形成人們之間的協作關係。這種複雜的協作關係一旦被戰爭等等強大的力量摧毀，幾乎很難在原地重建，因為很難確保原來的種種複雜條件都能恢復，帝國也就由此分崩離析、消失在歷史中。

再來看我們中國，農耕經濟雖然看起來有種種缺陷，比如財政的彈性非常差，但是它結構簡單，生命力極其頑強。上一個朝代滅亡以後，只要新王朝給小農家庭配置了土地，經濟和社會結構很快就會重建和恢復，帝國也由此復興。

我們經常自豪地說，我們中國是世界各個文明中歷史延續性最好的。不管亂成什麼樣，總能再次復興。你看，農耕經濟，既給我們的文明帶來了困境，也帶來極大的好處。

那麼，在古代社會條件下，農耕和工商兩種經濟樣式，穩定性大和彈性大兩種國家財政，我們到底要哪一種？這個答案可能就不好回答了。中國古代國家向來重農抑商，這是否一定是一個錯誤？這個問題也變得複雜了起來。

由此看來，中國古代財政的根本困境，似乎也沒有什麼解決方案。

是的，英文單詞，Question和Problem我們都翻譯成「問題」，但這實際上是兩種類型的問題。

Question是可以有答案的問題，而Problem則是一種困境，每個時代的人都在找答案，但是又永遠不會有終極的答案。

中國古代的國家財政，有它的Problem，根本困境，歷朝歷代的能人都試圖解決，也都不能根本解決。但是，如果從大尺度的歷史來看，我們的祖先，還是交上了一份不錯的答卷。

04

稅收怎麼影響了歷史？

說起稅收，有一句廣泛流傳的話，「唯有死亡和稅收是不可避免的」。既然是不可避免的，大家就會覺得被強迫、不痛快，沒人喜歡繳稅，這是我們的直覺。

但是，稅收越少越好嗎？

並不是這樣，下面我們通過宋朝、明朝的國家和商業關係，來說說這個道理。

中國古代因為重農抑商，國家財政的彈性就很小，一旦危機到來，政府開支急劇增長，麻煩就來了。

宋朝中後期就進入了這種危機期，北方的游牧政權，從早期的遼、西夏，到後來的金和蒙古，對宋朝形成了越來越嚴重的安全威脅。那怎麼辦？只能擴軍備戰。錢從哪兒來？土地收入肯定是不夠的了。於是，宋朝政府就歷史性地把目光轉向了工商業。

辦法無非是這麼幾個。首先，宋朝政府放開了鹽鐵茶酒這種資源性或者是成癮性商品的控制，允許私人商業力量進入。大概的方法，就是政府只控制生產，然後給商人發許可證，你們負責去販運銷售，政府收稅。這樣一來，政府收入確實大幅度提高。但是，這點錢還是不夠用。

錢還不夠怎麼辦？宋朝還在中國歷史上第一次建立了系統的商業稅徵收制度，為了徵收商業稅，宋朝政府在上至京城，下至縣、鎮、渡口、集市等地廣泛設立徵稅機構，徵稅範圍無所不包，幾乎涉及了生產生活的全部物品。

廣泛徵收商業稅，人民的負擔當然加重了，但對政府來說，人民也因此變得更加重要了。政府自然而然地開始優待民眾，相比其他朝代，宋朝的一個突出特點就是「養民」制度特別豐富。

按照歷史學家侯家駒的說法，宋朝已經發展出了「從胎養到祭祀」，也就是政府把你「從搖籃管到墳墓」的福利制度，包括懷胎發放糧食補貼、政府撫養棄嬰、官辦學校助學、養老、救治貧病、喪葬補貼等等。

宋朝的荒政制度也比較完善，建立起糧食儲備制度，災荒到來時甚至出售官職籌資救濟災民。雖然水平不高，但是現代福利國家的基本樣子，宋代是具備了的。

我們從一千年後看宋朝，很容易把它美化，把剛才說的這些看成是統治者的善良願望的結果，其實不然。你針對什麼收稅，就必然要治理什麼。重稅本身當然是惡政，但是有時候，重稅也是善治的原因。

當然，歷史沒給宋朝人足夠的時間，蒙古人的鐵蹄還是中斷了這個過程，將近一百年。

趕走了蒙古人之後，朱元璋建立了明朝。在朱元璋看來，宋朝之所以滅亡，就是因為朝廷廣泛徵稅，簡直就是橫徵暴斂，造成民不聊生，這才被蒙古人滅亡。所以，明朝建立以後，財政上全面恢復中華帝國的正統做法，以農業稅為主，大量減免工商業稅收。

朱元璋明確規定，工商稅收的數額不得超過洪武十八年的水平。此後，整個明代，包括鹽鐵、官營工商業和各種工商稅收的收入，只占財政收入的四分之一左右。相比之下，宋朝工商稅已經超過了農業稅，成為政府的主要收入。

工商稅很低，這是不是會促進明朝工商業的大發展呢？確實促進了。到明朝中後期，工商業發展極為繁榮。多個工商業城鎮興起，商品種類非常豐富。民間因此普遍富裕。尤其是江南地區，民間的富裕程度特別高。

這不是很好嗎？且慢，事情哪裡會那麼簡單？

雖然工商業發展繁榮，但由於國家財政堅持以農業稅為主，工商業財富沒有成為國家財政收入的重要來源。國家既然收不到錢，沒有得到好處，也就沒有動力保護和推動工商業的發展。

這個後果就很嚴重了。比如，對商業發展來說不可或缺的產權制度就一直空缺。

可能有人要問，沒有國家正式的產權保護，明朝的工商業大發展又是怎麼來的呢？答案是，主要依靠貴族官僚非正式的個人特權庇護。現在看史料，明清時期一個當官的犯了事，查抄家產，清單裡面往往就有什麼當鋪幾間，票號幾間，茶葉莊幾間。

就算是普通生意人，你的生意如果沒有官員士紳的保護，是肯定生存不下去的。別說官員欺壓，就是街上的小流氓也足以讓你生意做不下去，難免要保護。這種保護當然不是免費的，往往還很昂貴。於是，大量工商業財富流入貴族官僚手中，國家所得很少。

相比較而言，十七~十八世紀的英國，把財政收入建立在商業經濟的基礎上，國家可以分享經濟發展的成果，商業發展和財政收入「同呼吸，共命運」。有了這個動力，英國政府推行了一系列針對商人的產權保護措施，這些產權保護措施又進一步推動了英國商業的發展，形成了良性循環。

你看，雖然同樣是商業繁榮，但是明朝和英國結果不一樣。商業有一個特點，就是繁榮很容易，只要有自由就夠了，但是發達很難。因為商業發達需要大量的中間組織。比如銀行、交易市場等等。它像蓋樓，沒有下一層的制度和中間組織的建設，上一層壓根兒就不會出現。沒有這些中間組織，你都想像不到商業能發達成什麼樣。

明朝後期就是這樣的情況。你說政府不重視江南地區嗎？很重視。明初就嚴禁在東南分封藩王，防止藩王擾民，朝廷稅收都指望著江南，還規定宦官不許在江南買地，非常重視對江南水利的興修維護……等等。

但是，因為工商業不是政府稅收的來源，產權保護制度沒有，所以，雖然表面上繁榮興旺，但其實只是簡單的低水平擴張規模。更複雜的商業，就無法形成了。

這還不只是商業不能更高層次發展的問題，更嚴重的後果是，政府和工商業財富發生了脫節。

國家財政不依賴工商業，也因此不重視工商業，不會像英國那樣讓工商業代表參政議政，共商國是。國家和民眾之間沒有結成利益共同體。平時，這不算嚴重問題，到了關鍵時刻，就是大麻煩了。

比如，清兵為什麼滅了明朝？相比蒙古人，清兵的軍事實力其實要小得多，八旗兵馬總共才幾萬人。如果明政府能把江南地區的財富、資源集中起來，打敗清兵，是大概率事件。但是，在實際的歷史上，面對國家的生死存亡，明朝江南富裕的民間社會，表現出驚人的冷漠和麻痺。

崇禎皇帝怎麼喊，怎麼哭窮，出身江南的，因此往往也是工商業背後保護傘的那些官員也不肯掏錢出來。過去我讀歷史的時候，讀到這一段，總是覺得很疑惑。國家養士大夫三百年，到關鍵時刻，怎麼大家都這麼冷漠呢？

現在我們從財政稅收的角度看這個問題，也許能得到一個答案了。國家不關心工商業的發展，工商業的財富也很難和國家休戚與共。

結果，我們都看到了。清兵的鐵蹄南下，江南也沒有躲過一劫。國家和工商業是雙輸的局面。

那麼，在中華帝國史上，有沒有成功處理「國家和商業」關係的例子呢？也有，那就是清末的國家財政制度的大轉型。

05 財政大轉型

在中國歷史上有一個現象，一個統一王朝運行到中後期的時候，各種矛盾集中爆發。

這個時候歷史往往會給這個王朝一次機會，如果出現一個明君或者賢臣，搞一次大改革，成功了，王朝就會「中興」。但是，如果矛盾爆發的方式是大規模的農民起義，那歷史就不會給機會了，王朝覆滅就只是時間問題了。

為什麼沒機會了？從財政稅收的角度來說，首先，農民起義會往哪裡跑？當然是最富有的地方才有飯吃。所以，起義過後，王朝最富有地區的稅收來源往往都被破壞了，這個好理解。

還有一點更重要，王朝在撲滅農民起義的過程中，往往病急亂投醫，破壞了原來的財政和稅收的分配結構，權力關係因此也就徹底改變了。比如，東漢末年黃巾起義，唐朝末年的黃巢起義，都是這樣。為了撲滅起義，朝廷給了各地軍閥各自徵稅的權力，等起義被撲滅後，再把財政權力收回來就不可能了。

這是中國歷史的一般規律，但是有一個例外，那就是晚清。太平天國起義的規模和破壞性非常大，第一，擾亂的就是當時最富庶的長江中下游地區。第二，太平天國之後，漢人督撫的權力變得極大，朝廷的威權被削弱。

那問題來了，為什麼清朝又延續了將近五十年呢？在這五十年裡，居然還有「同光中興」！農民起義之後，就沒有再給機會的可能了，為什麼清朝可以緩過來？

要知道，清代康乾盛世的時候，政府的年財政收入是不到五千萬兩白銀。雍正的財政改革很成功，成功的一大證明就是國庫裡攢下了六、七千萬兩銀子。但是這個數跟晚清就沒法比，從一八四一年到一九一一年這七十年中，財政支出總量從三千七百萬兩白銀增長到三·三九億兩白銀，增長了八倍多。

清朝滅亡的時候，財政狀況不僅比前面的康乾盛世要好得多，比後來的北洋政府也要好得多，這背後發生了什麼？

有人會說，你這不是廢話嗎？清末國門打開，資本主義來到中國，生產力大幅提高，財政收入當然水漲船高了。

宏觀地看，的確如此。問題在於，資本主義來到中國，並不是一句話那麼簡單，而是需要中國也做配合，搞大改革。資本主義洪流帶來的財富效應再大，也要中國這個裝財富的箱子足夠深，結構足夠有效，才裝得下。

這是脫胎換骨、流血流淚的痛苦蛻變。

這個轉型帶來的變化，不是財政收入的大小問題，而是中國的財政收入的基礎，必須從那種彈性很小的農業稅，轉型到彈性很大的工商業稅。

這個轉型我們站在百年之後的今天，其實很難設想那個難度，我們就來看這麼幾個變化。

第一個變化最容易想到，就是清政府必須鼓勵工商業。

那個時代的人念念有詞的一句話就是「士農工商」，這就是社會地位排序，商人是在最後一位。怎麼能讓那個時代的人覺得當商人光榮，要知道，直到今天，做生意的人，也不覺得在中國社會是最光榮的，而那個時候清政府必須把這個次序倒過來，這必須得朝廷出面。

一九〇三年四月，朝廷宣布設立商部，頒布了一系列規定。規定說得清楚，集股五千萬元以上者，就是花五千萬投資創業的人，准授予商部頭等顧問，頭品頂戴，准其子孫世襲商部四等顧問，三代而止。

明白了吧，不僅有頭品頂戴哦，而且可以世襲三代。

集股四千萬元以上，准授予商部頭等顧問官，其子孫三代世襲商部頭等議員……即使僅僅集股五十萬元的商人，也可以獲准授予五等議員加七品頂戴。

這獎勵力度，人類歷史上也罕見吧？我們今天獎勵創業也還沒有這個力度。

而且朝廷還說了，真的有成效的，還可以考慮封爵。過去靠戰功才能獲得的爵位，現在靠經商也能獲得了。這背後的轉變，朝廷要克服多少習慣、觀念和人情上的阻力？

第二個變化，就是制度建設，這個更難。一九〇一年之後，朝廷一刻不停地催促法律專家趕快制定新式《公司律》。一九〇四年後，《商人通律》、《公司律》、《公司註冊試辦章程》、《商標註冊試辦章程》、《破產律》等陸續頒布，這可是典型的西方式的法律，所以在一百多年前中國商業的法律體系的雛形很快就建立起來了。

要知道，這可不是把法律寫在紙上這麼簡單，這是朝廷用自己的信用向全社會宣布要保護商業，商業活動從此有章可循。背後的意思就是，朝廷那種本來毫無限制的皇權，要被這些法律限制。

即使沒有立憲，沒有限制皇權的憲法，但皇權已經實質上被限制了。

第三個變化，這個就深了，是整個財政觀念的變化。

中國古代王朝的財政觀念是「量入為出」。但是現在不行了，大量的支出項目等著要錢，建立海軍要錢，興辦工業要錢，還能量入為出嗎？不行，必須改為量出為入，先說要花多少錢，然後去想辦法。

過去我們經常有一個誤解，西方國家高喊什麼「無代表不納稅」，所以，西方國家的稅率是輕的。其實恰恰相反，咱們中國古代那才叫輕徭薄賦，現代國家稅收在國民總收入的比例是非常高的。

一八九四年，清朝中央政府的財政收入只占國民生產總值的2％左右，加上各級地方政府收入和官員中飽私囊的錢，也只不過占到6％；同期日本中央政府財政收入占國民收入的比例高達30％；這就是傳統帝國和現代國家在動員和整合國內資源能力方面的巨大差距。

那要想提高收入怎麼辦呢？總不能下鄉搶老百姓吧？擺在清政府眼前的辦法暫時只有一個，就是朝洋人借錢。過去我們總覺得這是喪權辱國的事情，現在想想，其實也不盡然。

據統計，晚清共借外債二百零八筆，總額為十三．〇六億兩白銀。以往的朝代，政府也有向商人借債的。但那實際上是一種敲詐勒索，有借無還。官民之間，並不是真正的債務債權關係。

清政府借外債，則大不一樣，這是中國政府第一次以平等的民事行為主體身分簽訂契約。這就促進了公債市場的出現和建立，還促進了國內金融業的發展。政府在借外債的過程中也學會了守規矩，建立了信用。

有了這一系列動作，據統計，到一九一一年清政府垮台以前，全國的新興企業二千三百餘個，這相當於一九〇〇年的四．五倍，年增長率高達14％以上，這個速度其實是很驚人的。

而這個速度的背後，是中國社會天翻地覆的變化。商人的地位提高了，社會的信用培養了，商業中間機構出現了。

後面這一百多年，中國的現代化進程才算是起步了。

正是在這些意義上，我們說近代以來中國社會的大轉型，晚清是接力賽第一棒的選手。他們雖然沒有跑完全程，但他們的第一棒跑得確實不錯。

為什麼跑得不錯呢？因為那些措施的實施，並不是從鴉片戰爭之後就開始的，而是從一九〇三年。

那是什麼年代？八國聯軍、庚子事變之後，朝廷欠下了巨額的外債。清政府不得不想盡辦法搞錢，這件事情的反面是搜刮民脂民膏，而它的正面效用，就是它不得不開始更負責任地進行社會治理和制度建設。

稅收，不只是單向的斂財過程，它還是整個社會反向塑造政府的過程和機會。

站在中原的角度看，
北京是邊塞，
站在歷史的大格局上看，
北京恰恰是樞紐，
當然應該定都北京。

第15章

首都怎麼定？有講究

為什麼定都北京，這本來是一個小問題，
但是站在歷史大格局上看，是不是茅塞頓開？

我不止一次說過，《樞紐》是我讀到的最重要的書之一。最近我又翻看了一遍，覺得裡面有些話題，還是值得跟大家聊一聊。

先問一個問題，歷史上中國都城的變遷，背後的邏輯到底是什麼？從長安到洛陽，從南京到北京，為什麼會走出了這麼個路線圖？尤其是最後明清兩代定都北京。現在我們已經很習慣北京是首都了，但是細想一下，這個位置作首都其實是有問題的。

首先，北京是在哪兒？那可是在長城邊上，長城是中原和草原的分界線，北京就是邊塞。你看，在明朝的時候，只要長城一被突破，北京城就有被包圍的危險。為什麼一個大國要把都城放在這麼危險的位置？這是一個奇怪的地方。

再來算經濟帳，也不划算。明清時期，中國的經濟中心在長江中下游地區。要嘛是「蘇湖熟，天下足」，要麼是「湖廣熟，天下足」，都在南方。要把南方的糧食調運到北京，是非常困難的。所以，明清兩代，運河的漕運非常重要，甚至為此還設立了一個封疆大吏的職位，就是「漕運總督」。

也就是說，帝國首都遠在千里之外，拿著一根吸管，就是運河，在長江中下游地區吸取資源。那它為什麼不乾脆省點事定都在南京呢？距離資源中心近一點。這又是一個奇怪的地方。

元朝定都北京，後來明清兩代皇帝沿用了這個位置，為什麼？

《樞紐》這本書裡說，要回答這個問題，就不能光看北京，必須從更大格局的角度來思考中國歷史的演變。什麼是大格局？

你看，一個國家的首都，一般都處在這個國家的重心位置。這個重心，不是說地圖那個幾何圖形的重心，而是這個國家的資源、人口、利益版圖的重心。比如，英國有龐大的海外利益，所以倫敦就處在國家版圖的邊緣，因為是出海口嘛。而法國是一個大陸國家，法國北部經濟比較發達，所以巴黎就在中線靠北的地方。

按照這個原理，再來看中國。選擇定都在哪裡，實際上折射了那個時代國家重心的變化，這就是大格局。

好，帶著這個視角，我們來看一下，中國都城位置的演化。周、秦、漢、唐時代，中國的都城不是在長安就是在洛陽。

以前，我們看長安和洛陽，總是從地理的角度去分析。比如，評價長安，我們總是說它位於關中，四面環山，易守難攻，在軍事上很有優勢。而洛陽呢，則是位於黃河下游，不僅水力資源豐富，而且四周土地平坦廣闊，在經濟上十分有優勢。

這兩座城市，一東一西，一個軍事，一個經濟。定都選長安還是選洛陽，好像就看當時的政府看重什麼？重軍事，就在長安，重經濟，就在洛陽，從周代到唐代，一直是這麼交替博弈的。這麼解釋當然很有道理，但這只是第一層邏輯。

再往深看一步，定都長安還是洛陽，還要看當時的主要政治矛盾。

一個政權建立，總是要靠軍功集團的，就是圍繞在開國君主身邊的那些老將和他們的家族。打天下嘛，為了激勵鬥志，總是各種封官許願，所以軍功集團總會在王朝初期形成一股強大的勢力。最典型的，就是隋唐的關隴貴族。這幫人的勢力一般都在關中，也就是長安附近。所以，周、秦、漢、唐一開始都會定都在長安。

但是王朝到了中期，經濟問題就比軍事問題要重要了。東邊的經濟中心地位就突顯了，所以，都城就會往洛陽遷移。比如說，西漢到東漢，就體現了這一趨勢。

更深刻的一個原因是，一旦皇權鞏固了，皇帝就不願意處在軍功集團的包圍之下了。他要選拔民間的人才，便於控制嘛。那民間人才在哪裡？一般都在東邊。東邊的中原才是經濟中心，富家大戶的子弟是官員的預備隊嘛。

最典型的就是隋煬帝和武則天。他們當了皇帝之後，就立即放棄了關中本位，遷都洛陽，而且要發展科舉。你看，把遷都洛陽和發展科舉連到一起看，它的意義就明顯了，就是要擺脫關隴貴族，培養自己的人才班底。

一直到唐代，中國地緣政治格局的矛盾，都是東西矛盾。所以，都城在長安和洛陽之間移動。

但是這個情況到了宋代的時候就發生了徹底的變化。

因為印刷術的普及，平民子弟很容易就能讀書了，知識大傳播開始了。

皇帝在民間選拔官員的可能性大增，軍功集團對於皇權的制約作用就小了。宋、明、清三代都是文官政府，大多數大臣都是科舉出身的文官。武將是很難進入中央決策系統的，政權和軍功集團的矛盾就沒有了。

還有一點，豪族社會也結束了，中國進入了《樞紐》這本書講的「古代平民社會」的狀態。

所以，王朝就可以放心地定都中原，甚至放棄了洛陽，跑到距離大運河更近的開封。這個定都位置的演化，其實是主要政治矛盾演化的結果。

但是明清兩朝，中國的重心又發生了遷移。或者更準確地說，中國的格局變得更大了。這個時候，中國已經從中原為主的王朝，演化成了一個多元文明體系，我們來簡單地理解一下這個體系。

按照施展《樞紐》這本書的描述，到清代時候的中國，疆土的每個部分，都在扮演這個體系中的某個不可替代的角色。西藏雪域高原出產的藏傳佛教，影響力不僅在西藏，而且用精神控制了蒙古。

為什麼要控制蒙古呢？蒙古草原的軍事力量，是朝廷控制中原的支柱。

而中原和南方為整個帝國體系提供財政資源。新疆則是帝國重要的戰略緩衝地帶。幾個地域環環相扣，互為支撐，構成了一個文明體系。

這個時候選擇都城，你說選擇在哪裡？當然就是北京。

北京距離滿洲的龍興之地東北很近。距離草原也很近，清代的皇帝可以在距離北京不遠的避暑山莊接見蒙古的王爺們。西藏來的活佛喇嘛經常住在五台山，進北京見皇帝也很容易。因為有運河嘛，江南的資源也方便調運到北京。

所以，北京的位置就變了，站在中原的角度看，北京是邊塞，但是站在這個大的體系來看，北京恰恰是樞紐。那當然應該定都北京。

你看，為什麼定都北京，這本來是一個小問題，但是站在歷史大格局上看，是不是茅塞頓開？這就是《樞紐》這本書的魅力所在。

誰動員和組織資源的能力越強，
誰在博弈中就更有機會勝出。

官僚主義，其實是現代社會的產物。
現代社會的本質，
是通過陌生人之間的大規模協作，
來完成形形色色的任務。

第16章

官僚系統怎樣影響著我們的社會？

大組織在傳統時代，有組織起來的力量，在大家都靠組織來博弈的時候，它有戰無不勝的力量。可是當它面對一個突如其來的，超越這個組織可以應對的危機的時候，大組織自己的缺陷就會暴露出來。

01 大組織的功過

有一個小朋友曾在微博上私信我，說今年我大四，我家裡給我找了一份工作，我覺得還不錯，是進銀行，大組織，我覺得挺好。但是呢，美中不足，得行賄，得三十萬到五十萬，我才能進得去。我說那你多少年能靠工作把這筆錢給賺回來啊？他說我們小朋友們算了算，大概要三到五年。我說你這三到五年的青春就為了在一個大組織裡換得一個崗位，你覺得划算嗎？

他說划算啊，你算算帳，我進了銀行之後，我就可以談戀愛，我可以結婚，我可以琢磨買房子，因為終身有靠了嘛，我進入大組織了，我就安全了嘛，對吧？

我說你這個帳算得也對，但是你有沒有想過，大組織的時代那是傳統社會能夠給你提供安全感。但是現在的網路時代則未必啊，你有沒有想到過個十年八年大組織崩毀啊？他說這怎麼可能，銀行那麼大的樓，那麼粗的柱子，那麼多錢，它怎麼能崩毀呢？我說你不要簡單地看大組織哦。所以現在，我們就來說一說大組織的壞話。

在說他們壞話之前，我們先得說大組織的好話。在傳統社會，大當然好了，還用說嗎？小企業跟大企業在市場當中競爭，就相當於一個瘦子和一個胖子坐在賭博台上，這瘦子沒辦法，口袋裡錢少，你除非一直能贏，你只要輸一局，商業競爭就是殘酷的，每一局都是All in，都是把老本全部押上。你只要出一個錯，對不起，立即出局，你就家敗人亡。

可是大胖子就不一樣了，他在賭台面前一坐，身後是金山銀海，可以隨時調動各種資源，他隨時可以白眼一翻說，輸了就輸了，再玩一局吧。只要他贏一局，他就全回去了。就像Microsoft這樣的公司，在很多年前有些分析師就說，Microsoft這個公司不行了，你看沒有網路基因，除了那個Windows和Xbox，所有的產品都是失敗的產品，這樣的公司是會完蛋的。說著說著這又好多年過去了，Microsoft完蛋了嗎？它還是一個龐然大物的存在，它動不動就白眼一翻，跟你再玩一局。所以你怎麼玩得過它？

在傳統社會都是這樣，大家都要想盡辦法進入大組織。小時候看《水滸傳》，你會發現水泊梁山真是好，山上大秤分金、大塊吃肉、大碗喝酒，那是多好的神仙日子啊？可是為什麼宋頭領還心心默默地想著要去招安呢？為什麼像霹靂火秦明、河北的老員外盧俊義，他們都死活不肯上山呢？因為要進入大組織嘛，還是宋朝的趙氏天子的那個大組織更安全啊，如果能來個東京汴梁的戶口，那不就終身有靠了嗎？這就是傳統社會的一個定律。

因為不管是公司還是國家，在進行博弈和戰鬥的過程當中有一條鐵律，就是誰的動員和組織資源的能力越強，誰在博弈中就更有機會勝出。公司是這樣，國家也是這樣，那在這方面誰做得最厲害？誰能把全國上下的資源都動員起來？中國人最厲害，這方面要說厲害，那真要算得上我們老祖宗。我們在春秋戰國時候能夠達到那種組織化的水平，我們讓西方人追了多少年？追了兩千年，到十九世紀的時候，差不多才能追上中國人當年那個水平。

我們就說在春秋戰國，商鞅變法那個時候的秦國，國家已經能夠做到對全國的老百姓都瞭如指掌，然後通過一個短時間內打造出來的官僚組織——注意，不是過去的分封制，是官僚組織，從國王能夠一竿子插到民間，插到老百姓家裡每一口豬，每一石糧食，國家心裡都有數，國王就像嘴裡叼著根吸管一樣，在民間嘬嘬嘬，所有的資源他都能嘬上來。

可是西方人就不行了，他是封建制度，領主，領主下面雖然也分封了很多人，很多人種著他們家的田和地，但是他沒有官僚的管理制度和相應的整套的技術體系。所以我看有些資料，西方中世紀的很多領主那真是可憐，他沒有徵稅能力，但是這些糧食又是他的，怎麼辦呢？所以他們就吃，你看西方中世紀的那些侯爵、伯爵，往往都吃成一個大胖子，比我還胖，為什麼呢？這就替代了徵稅，他們每年要花半年的時間在自己的領地上巡遊，帶上自己的老婆，帶上自己的丫鬟、馬車夫，浩浩蕩蕩一群人，吃遍自己的領地，每天晚上都是添酒回燈重開宴，生怕吃不夠本，為什麼？沒有徵稅能力。

可是中國的這種編戶齊民技術，它就可以讓每一顆糧食都能做到顆粒歸公。你要到打仗的時候，那中國這方面的優越性就更強。在春秋戰國時期，死傷兩萬人以上的戰鬥大概發生過二十次，其中十五次都是在秦孝公商鞅變法之後的五十年裡發生的。長平之戰，趙國人一下子就被秦國人幹掉四十五萬人，還不含傷員，最後幾乎把趙國全國的男丁都殺掉了。

可是這方面你看秦國，那付出的代價也是可怕的，它也要動員相應的人才能打這麼大的大仗。據說在昌平之戰膠著的時候，秦國的國王叫秦昭襄王，他自己跑到前線，而且把國內所有十五歲以上的男丁全部徵發到前線，堵截趙國的援兵。他就有這個徵發能力。可是西方呢？歐洲中世紀的時候最大的大戰應該算是十字軍的東征，第一次大概也就動員了三萬多人，第二次多一點，七萬多人，也最多就是這個規模。像英法百年戰爭的時候，最大規模的戰役，英國就幾千人，法國有幾萬人，因為本土作戰，動員能力稍微強一點。

所以為什麼我們來自東方的蒙古大軍一旦橫掃到西方，西方那些領主覺得，我的老天，沒見過這麼大規模的部隊，為什麼？動員能力差，因為他靠的是領主和自己的附庸之間細若游絲的那種權利義務關係來動員戰爭。就是國王想要打仗，得給自己手下封的那些侯爵、伯爵寫封信，打個招呼，說你帶上你的馬車，帶上你的妹妹，帶上你的戰馬，我們打仗去。那他買帳就買帳，如果不買帳，或者是出工不出力的話，國王也沒有辦法。所以歐洲中世紀時候的戰爭規模相對來說就比較小。

我們中國人不僅在先秦時代就打造出了這套優秀的文官制度，而且我們還用了兩千多年的時間不斷地去修正和優化這套系統。那麼什麼時候達到頂峰？清朝。清朝特別有意思，那十幾個皇帝你挨個扒拉數，你會發現沒有一個可以稱得上昏君，雖然有的有些小毛病。而且清朝更厲害的一點是，它把此前歷朝歷代王朝權力都會出現的那些缺陷，基本上都給彌補了。

比方說清朝沒有宦官的專政，沒有外戚的專權，沒有地方的割據。喜歡看電視劇的人都知道，皇子奪嫡，像唐朝那樣為了爭奪皇位，大家殺得血流成河，那種事情也沒有發生。在皇位繼承這個最容易出亂子的環節上都沒有出過大亂子，所以說清朝應該算是中國官僚制度最後發育到成熟的頂峰。

有人可能會說了，你這麼誇獎大組織，這麼誇獎我們老祖宗的智慧，那為什麼在一八四〇年的時候，英國人出動一支艦隊，用一個小指頭就把這樣的一個萬里長城推倒了呢？轟然倒塌了呢？這是為什麼呢？這就是我接著要講的話題，為什麼大組織在面對特定的威脅的時候，它根本來不及反應，反而脆弱得像一個嬰兒呢？我就用鴉片戰爭為例子，來講一講大組織的劣勢。

鴉片戰爭是發生在一百多年前的一個案例，它告訴我們大組織是怎樣崩潰的。

下面我們就該說說大組織的壞話了，大組織一個最明顯的毛病是它反應速度慢。有一個傳說中的動物，叫星期五。什麼意思呢？就是星期一早上有人踹了它一腳，一直到星期五的晚上，這個動物跳起來說，誰踹我？對，這就叫星期五病。

傳統的大組織因為它的神經系統反應太慢，所以一定會患上這種病。比方說鴉片戰爭的時候，最開始主要的糾紛是發生在廣東，可是一封奏報從廣州城上達朝廷，運到北京需要多少天？一個月，三十天左右，即使是啟動當時的緊急，所謂五百里加急，也得十五天。一封奏報到北京，皇帝老兒批示過後再到達前線，又是一個月吧？那你說這個仗還怎麼打？可是官僚組織當它成熟到頂峰的時候，就是所有的權力全部在中樞，皇帝老子不作決定，前線是沒法作決策的。所以一個月之後再對戰場作出反應，你不是星期五，你又是什麼呢？

一八四〇年七月五日，英軍已經放棄了廣東，直接北上，打下了浙江的定海。可是十二天後，道光皇帝收到的奏報還是六月中旬，林則徐在廣東給他打的報告。林則徐在報告上說，皇上你放心，我們這裡準備得萬無一失，所有的英軍在那兒呆若木雞，根本就不敢動，你放心吧，已經搞定了。一直到八月初，八月九日，道光皇帝才模模糊糊知道，好像浙江出事了，好像定海被打下來了，好像英國鬼子沒有林則徐說得那麼乖，好像真的要跟我開仗了，這已經是又快一個月了。所以你說，這場戰爭怎麼打？

這就是快速反應的一個變局，和傳統組織發生對壘，一定會發生的事。就像另外一個羅胖子羅永浩，把冰箱往西門子公司門口一放，然後開砸，這個行為只要羅胖子自己心裡一想，馬上就可以付諸實施。可是西門子公司呢？你不能說它裡面沒有能人，沒有聰明人，有的。可是再好的應對方法，他得先寫個PPT吧，得約個會議室吧，得趁領導有時間的時候約來開會聽彙報吧。領導也不能決策，得報給歐洲的總部，雖然現在不像鴉片戰爭的時候那麼慢，一封Email過去，再批示回來，黃花菜都涼了。所以這個時代恰恰不是大組織可以應對突發性危機的時代。當時英國的艦船也是那個時候的羅永浩，它反應速度太快了，它在洋面上來去自由。

但是今天我們說大組織的缺陷，遠遠不止這簡單的一點。因為如果說大組織只有這一點缺陷，隨著後來比如說我們也有了電報，十九世紀八〇年代中國也開始修建鐵路，那應該就解決這個問題了。不是，大組織的真正缺陷是傳統的官僚制度的一個內生性的缺陷，說白了就是胎裡帶來的。

我們小時候玩軍棋的時候都覺得，不管是士兵還是軍長，他只是力量上有區別，但是本質上都是維護這一方的，我們都是跟對方拚命，我們只是力量有大小而已。但是傳統的官僚制度，你把它攤開一看，你會發現它有一個內在矛盾，這個內在矛盾是解決不了的。什麼矛盾呢？就是皇帝和官僚系統之間的那種永遠也化解不了的恩仇。

皇帝高坐在金鑾殿的頂端，他對自己親手構建起來的這個官僚組織永遠是不信任的。比方說你家裡是大戶人家，一個黃臉婆當大太太，這時候家裡得養一幫丫鬟，個個都很漂亮，你說這大太太放心嗎？你說這丫鬟聰明吧，她沒準就偷你們家東西，所以得看；更聰明呢，沒準跟你先生就有一腿，那妳的損失就更大。

皇上也一樣，面對職業經理人，能幹的吧，他怕你貪汙；你要是又能幹、又清廉，名望又高，當官當然是個好材料，皇上又想，你想幹什麼？是不是要奪我的江山社稷？所以這種相互之間的矛盾，相互之間的不信任是永恆的。因此中國古代有一個現象，就是皇帝為什麼老是寵信太監？太監因為他不是正常人，他心態扭曲，為人陰險殘毒等等，皇上心裡都知道，可是為什麼他還要信呢？因為太監是他的家奴，太監所有權力的獲得都只能依附於皇帝，太監本身不可以篡位。所以皇帝寧願相信那個心理上和生理上都有缺陷的太監，他都沒有辦法相信這些外廷的官僚。所以這個矛盾是永遠沒法彌合的。

我們再說到鴉片戰爭的時候，大家都知道一開始派過去的是林則徐，後來林則徐倒台，然後又派過去一個人，叫琦善。琦善可不是後來我們講的賣國賊，他也是當時清朝朝廷裡面非常有名的一個能員，那也是做過多年的封疆大吏。琦善去了之後，因為他私下把香港許給英國人，後來又被撤職。可是撤職之後，道光皇帝想的第一件事是：「你是不是受賄了？」就是你是不是偷我們家東西了？然後趕緊派員去查，甚至把琦善的家給抄了。你看，他真正的不信任不是說這事辦得好不好，而是你是不是偷我們家東西了？這個內生矛盾是官僚系統胎裡帶來的一個矛盾。

那皇帝不信任臣子，臣子呢，他也不信任皇帝。說白了，我是鐵路警察，我就管這一段，雖然說我們見到皇上都說臣肝腦塗地，我們為皇家盡忠，習得文武藝，賣與帝王家等等，講得多好聽。但實際上，他給你們家當官，他就當一段，他管得只是一小片，當得只是一小段的官，那他的天然的本能是什麼？推卸責任。所以鴉片戰爭的時候，一八四一年，皇帝又新派一幫人去跟英國人打仗。派往廣東這一路叫奕山，奕山他老人家就一路磨磨蹭蹭地走，磨磨蹭蹭地走，一段路走了將近兩個月。還有一路叫奕經，那是去浙江的，那一路就更過分，一共走了一百三十一天才走到浙江。為什麼？都在等啊，誰願意一門腦子就紮到那個戰場上，讓英軍痛揍一番？都是走走停停，吃喝玩樂，歌舞昇平，都「靜以待變」，看前方出現什麼事，如果前方有利於我，那就日夜兼程往前線趕；如果前方出點問題，那就留給當地的人，我幹嘛先跳到熱水裡洗澡呢？所有的官員都是這麼想的。

就說林則徐，當然要細說起來，林則徐在鴉片戰爭當中也有很多責任。比方說他老跟道光皇帝講我這裡沒問題，放心吧，我這兒搞定了，碼得平平的；然後動不動跟道光皇帝講，英國人只會打水戰，沒法上岸，一上岸膝蓋不能打彎。這話都是林則徐說的。雖然他已經在當時的官僚中被稱之為「睜眼看世界之第一人」，但是他也這麼糊弄上面。為什麼？求個安穩嘛。

可是當英國人後來打到北邊之後，後來接林則徐的琦善就給皇帝找台階下，說英國人之所以打北邊，不是跟你皇帝有仇，他們是伸冤來了。在廣東，林則徐不像話，受了林則徐的氣，那怎麼辦呢？他只好跑到北京來，他上訪來了，所以我們現在不是打仗，我們是接訪。皇帝一看高興了，所以就把林則徐犧牲掉了，你雖然沒有什麼錯，也沒打過什麼敗仗，但是你看你搞得老百姓上訪，不就要撤你的職嗎？所以林則徐就被撤了職。

有一個細節特別有意思，林則徐先是被發配到新疆伊犁去效命，後來當然又官復原職了，當了陝甘總督、陝西巡撫、雲貴總督。可是清代的官制當中有一個規矩，就是所有的封疆大吏一旦調任和遷轉的時候，你得進京請訓，就是跟皇帝見個面，請示一下訓話。而道光皇帝一直就不讓他進京，所以這段史料的發掘者也在說，可能這個道光皇帝心裡有愧，因為人家沒犯錯誤，你就把他搞掉。官僚系統的這種殘酷性就在這裡，雖然你是職業經理人，你沒犯什麼錯，可是一旦出現外部性危機的時候，那上面的人是不跟你講二話的，直接就把你當替罪羊扔出去了，這是官僚系統非常殘酷的一個地方。這種事情在鴉片戰爭當中當然也發生了很多很多。

那官員們怎麼辦呢？很簡單，騙啊，我不跟你說實話好不好？當時在廣州戰區，沒好下場的就是兩個人，一個是林則徐，第二個是琦善，因為這兩個人相對比較實在，還不敢跟皇上瞪眼說白話。可是第三任主帥，就是那個著名的奕山，這個人也是大有來歷。看過電視劇，知道四爺和十四爺的人都知道，雍正王朝時候的十四爺，大將軍王允禵的後人，四世孫，那也是世代簪纓，武術傳家，大將軍。

02 官僚系統出問題，後果很嚴重

奕山到了廣州之後，一看這個英國軍隊，那哪裡打得過呢？打不過怎麼辦？騙啊。比方說一八四一年五月份，廣州城基本上就被英國人打下來了，越秀山上都架上炮了，就是沒入城。當時英軍要入城的話，廣州城就被占領了。奕山就跟英國人義律求和，跟他求爺爺告奶奶，最後說怎麼辦？賠錢，要多少錢吧？六百萬兩白銀，給，你說的期限我還提前給，趕緊湊銀子你滾蛋。可滾蛋之後，對不起，你怎麼跟皇上交代？奕山有辦法，你看奕山當時那個奏報，就特別有意思，奕山要穿越到今天，那是中國最厲害的電視劇的編劇。

你知道他怎麼寫的？說英國人其實特別委屈，他們主要是做生意做賠了，所以就撒潑打滾，然後跑到廣州來要錢，我們就派了一個人去跟他們對峙，說英國人你們想怎麼樣？想見我們的總督，那是沒門，你還不下馬歸降？

他寫得特別細緻，說英國人把假帳丟在地下，免冠叩首，然後說，你看我們做生意做賠了，沒辦法，你是不是賠我們點錢，把欠我們的錢給我們點？奕山說，一看太可憐了，怎麼辦呢？既然經商欠的錢，那我們就先墊了吧，那你們以後還敢不敢鬧事？英國人說再也不幹了，從此就恭順你們的天朝。然後說那好吧，那就買個安吧，然後天朝就賞了六百萬兩銀子，英國人就退去了。

奕山跟道光皇帝講的是這個版本，當然後來道光皇帝知道嗎？也知道，他沒辦法啊，你說這個事實差距，就是他對態度的描述有差距，真正事實上也沒多大差距，所以他拿奕山也沒有什麼辦法。所以到最後，奕山反而靠一個彌天大謊又是加官，又是晉爵，據說還給他賞了一個白玉的帽簪子，反而受賞。

可是你會問，這麼大一個謊言，廣州城當時發生的事所有人都知道，全城軍民都看在眼裡，這能騙得過道光皇帝嗎？沒錯。可是這又牽扯到官僚系統的另外一個特徵，就是要好大家一起好，要壞大家一起壞，奕山就靠撒這個謊，你知道什麼結果嗎？道光皇帝大筆一揮，批了五百多個人升官，那你說上上下下那些官員能不共同維護這個謊言嗎？而那些想要揭破這個謊言的人是沒有好下場的。

據說曾經有過一個實驗，在一個籠子裡關著幾隻猴，然後擱一根香蕉在那兒，但凡一個猴敢拿香蕉，我們就拿水滋牠，最後這個籠子裡的猴都不敢碰這根香蕉。後來新放進去一個猴，這個猴不知道啊，進去就拿那根香蕉。旁邊的猴子就一通揍，把這個猴打服了。打服之後，這個實驗人員就不斷地換這個籠子裡的猴，後來把所有的猴都換光了，就是新進來的猴和原來的猴都不知道拿香蕉有人滋水這件事，都不知道，但是所有的猴敢碰香蕉原來的猴都會揍牠。

你看這個實驗其實就生動地描摹了官僚系統，官場的這種殘酷性，誰也不敢，誰也沒有那個膽量去突破大家的一些共識。既然騙皇帝，大家又有官升，又有賞錢可發，誰會觸那個霉頭呢？可是你心裡會有一個疑問，你說既然大家這麼幹，雖然都騙得了皇帝，得到了一時的安穩，但是他們不知道長久的後果嗎？畢竟戰爭打敗了，覆巢之下，沒有完卵，你知道官員們是怎麼思考這件事的嗎？

這幫官員膽子這麼大，膽大包天，這麼敢欺哄皇上，他們就不怕東窗事發，不怕秋後算帳？人家不怕，為什麼？心裡有底，什麼底？官僚系統當它成熟到一定分上的時候，天子固然是高居頂端，可是這個成熟的系統你繞過它，你也沒有資源可以用。皇帝明知道可能受到了欺瞞，但是時過境遷，有的時候也是打落牙往肚子裡吞，他也沒辦法。

所以明朝萬曆的時候，皇帝罷工，朝臣也罷工，那皇帝拿他們有什麼辦法呢？皇帝只能在深宮中賭氣，沒辦法。鴉片戰爭的時候也一樣，鴉片戰爭有一個特別奇怪的現象，這麼大規模的戰爭，敗得那麼慘，天朝顏面盡失。可是真正因為戰敗而被明正典刑處斬的只有一個高級將領，浙江提督余步雲，剩下的台上台下、前前後後跑的那麼多頭面人物，什麼林則徐、琦善、奕山、耆英、奕經，所有這些人沒有一個是被處斬的，這麼大規模的喪師失地。

其中最有趣的就是那個琦善，琦善當時是被抓到京裡去，判了一個斬監候，八月份判的，說秋後處斬，秋後就給放了，然後逐步地就開始起復，官復原職，一步一步，後來還當了挺大的官。琦善後來是怎麼死的？是在太平天國的時候，死在江北大營，還得了個善終。

大概是一八四〇年之後四、五年的時間，道光皇帝有一次跟底下人說，這個四川總督讓誰去當呢？我覺得琦善最合適。為什麼呢？第一，他聰明絕頂；第二，九任封疆；第三，他何等事不曾辦過？更重要的是，我如此用他，他還不肯盡心竭力地為我效命嗎？他大概講了這個意思。

你看，道光皇帝的算盤也打得劈啪直響。第一，培養出來一個九任封疆，有相當的官僚政治經驗的官員不多的。所以為什麼很多倒楣的官員後來都能官復原職？就是因為他們是國家的寶貴資產。第二，他本來犯了錯，然後我又赦免了他，我還給他當官，他還不感恩圖報嗎？皇帝要的就是忠心嘛。所以這些官員跟皇帝老兒玩心眼的時候，他們知道，最壞能壞到哪兒去？除非特別倒楣，像剛才講的余步雲那樣的人，剩下的人沒有事的，包括林則徐，遣送伊犁，後來也官復原職，最後是在家裡得以善終，所以這是他們有底的第一個原因。

第二個原因，這些官僚不傻的，他們糊弄皇帝，除了是萬不得已，明著去騙，他們更多的用了一個方法，其實叫「趙本山大法」。什麼意思呢？「起來走兩步」，先把你給糊弄瘸了，然後在那兒擱一個輪椅，你自個兒就找這輪椅去了。在鴉片戰爭當中，你會發現這些地方官員跟皇帝玩的都是這一招，最典型的就是奕經，為什麼走了一百三十一天，才從北京走到浙江？他在等，等浙江出事。為什麼等浙江出事？因為他們所有人都知道，浙江一出事，皇帝老子就不敢打仗了，他帶兵到前線浴血奮戰的任務就沒了，所以他就等啊、拖啊，他得等浙江自己出事，讓皇帝自己去找問題的解決方案。

那為什麼浙江這麼重要？當時中國的北方是缺糧的，南部的糧食每年運到京師大概四百萬石，浙江占三分之一。所以英國人一旦開始在浙江登陸，皇帝心裡就慌了，這是他的底線，因為浙江一亂，三分之一的漕糧就沒了。如果從浙江再一下子延燒到江蘇的蘇松二府，那就完了，因為蘇松二府占的比例更高，一半。如果四百萬石漕糧有三百萬石不見了，那朝廷就不要幹了，瞬間就要崩掉。所以這就觸碰到皇帝老兒的底線。

這裡面還有一個有趣的事，道光皇帝是清朝皇帝當中最摳門的一個，自己天天上朝穿一些打補丁的衣服。道光朝有一個著名的奸臣叫曹振鏞，有一天道光皇帝說，曹愛卿啊，你怎麼也穿一個打補丁的衣服啊？你那個補丁打了多少錢啊？曹振鏞想半天，報低了也不是，報高了也不是，咬咬後槽牙說，三錢銀子。皇帝說，不像話，我內務府給我打一個補丁五兩，然後回頭又跟內務府算帳。

據說道光皇帝有一次給皇后辦壽宴，大宴群臣，上的是什麼呢？打滷麵，一人只有一碗，群臣都吃不飽。這麼摳門的一個皇帝，本來就是精打細算過日子的一個人。浙江要出事，他怎麼受得了？

在鴉片戰爭當中，還有一個人不得不提，因為他是鴉片戰爭打完了之後唯一升官了的一個人，這個人叫劉韻珂。這個人其實挺奇怪的，因為清朝一代，不是進士當到封疆大吏的人本來就很少，而這個劉韻珂自己什麼出身？拔貢生，拔貢生是什麼意思？就是一路上學上去的，連個舉人都不是，他幾乎沒有考過什麼功名，像這樣的人在清朝實際上是很難上升的。你看李鴻章，李鴻章講自己的一生，說我少年科甲，中年戎馬，晚年洋務，這三件事都是見得人的。

這個劉韻珂就是有個機靈勁兒，所以從拔貢生這個路子居然當到了封疆大吏，後來一直當到了閩浙總督。皇帝老子覺得這仗沒法打了，打不贏。可是誰敢說，皇上我們投降吧，誰都把握不好這個火候。這個劉韻珂聰明，他就把握好這個火候了，但是他也用了點技巧，給皇帝上了一個密折，什麼叫密折？就是不被公之於天下。你願意聽我的，我給你找一個台階，你就下；你不願意找這個台階，你這個密折可以留中不發，不讓外界知道。

這個密折就是後來在鴉片戰爭文獻當中非常有名的，叫「十可慮」，就是有十件事情非常值得憂慮，上了這麼一個折子。當然這裡面說了很多，什麼國力不如人、英軍太狠等等。最關鍵的兩條，他說，第一，英軍到浙江之後，我發現老百姓跟我們不是一條心，這就動了皇上的底線。為什麼？清朝統治集團最怕的就是漢人跟外頭的人勾結起來，一旦引發民亂，這可不是鬧著玩的。

第二呢，勞師耗餉，這一點也是說到道光皇帝的心眼裡去了。本來就摳門，當時鴉片戰爭打到一八四二年的時候，後來歷史學家算，三千萬兩銀子已經花沒了。其實英國人倒沒花多少錢，後來盤算盤算也就花了軍費大概九百萬兩，我們已經花了三千萬兩下去了。道光皇帝心疼這錢，所以劉韻珂在最合適的時候，給皇帝找了一個台階，讓皇帝自己下來。

官員都這麼跟皇帝玩，最有趣的一個人是耆英，就是後來負責那個喪權辱國的《南京條約》談判的那個人。這個傢伙知道自己去就是當賣國賊的，談判嘛，想打仗又打不過人家，皇上希望你再打點小勝仗，然後跟英國人簽個協議就算了。打仗打不過人家，那怎麼搞定呢？耆英特別聰明，他幹了一件事，他在當時的寶山縣城外貼了一個告示，也就是現在的上海這一帶，偽造英國人貼的告示。大意就是，英國人說，你看我們這些人，我們到中國來做生意，到現在又賠本，被地方上的奸徒所害，這些奸徒又不肯把我們的委屈上達朝廷，告知大皇帝。所以我們的主子就怒了，讓我們本國人馬殺盡中國奸賊，爾等百姓你們自管耕作無妨，我們不騷擾你們，我們明天就自己帶隊，我們去跟皇上自有話說。

這個告示厲害，厲害在哪兒？第一，你看人家英國人自己說的，人家是來求和的，人家是來上訪來的，是受了地方封疆大吏迫害的。給道光皇帝台階下。第二，隱隱然透露給道光皇帝一個信息，說我去北京自有話說。道光皇帝說，你還是別來了，你來不定又有什麼後患。耆英先把這個偽造的告示貼出來，然後再拿小本一抄，給道光皇帝打報告。道光皇帝一看，這叫一半是海水，一半是火焰，心裡一會兒舒服一下，一會兒針扎一般的刺痛，然後自然就會讓耆英在簽訂《南京條約》的時候，可以盡其所能地去簽賣國條約。所以你看官員都有這個本事，讓皇帝把白己先糊弄瘸了，然後找到輪椅，自己坐下來。

其實說來說去就是想告訴大家一個簡單的道理。大組織在傳統時代，它有組織起來的力量，它在大家都靠組織來博弈的時候，有戰無不勝的力量。可是當它面對一個突如其來的，超越這個組織可以應對的危機的時候，大組織自己的缺陷就會暴露出來。最重要的缺陷就是在這個組織內部，大量的資源全部是用於內耗的。

鴉片戰爭是一個國家的視角，我們切換到個人的視角來看，你在投靠某些大組織之後，你所能夠受到的命運是什麼？第一，你隨時可能被當作替罪羊給扔出來，而且你的委屈，你何處去訴它，你何處去告它？沒地方說理。第二，你的所有的成長，你的人生機會都是不確定的，不是你有幾分努力，你一定能夠收穫幾分成就。第三，這個大組織當中的內在的結構，一定會把你培養成一個奸邪小人。不是說你在道德上有多敗壞，而是你學不會這種欺上瞞下、糊弄四方的本事，你在這個組織內是沒法生存的。

03 個人面對大組織應該怎麼作選擇？

圖窮匕現，我們想告訴大家一個什麼結論？我們回到一開始的那個場景。如果你是一個年輕人，你面前擺著兩種選擇，一種是進入大組織，一種是找一家小公司，那麼老羅，羅胖今天斬釘截鐵地告訴你，找一家你看起來有前途的小公司。

為什麼？因為你一旦進入到大組織之後，雖然你獲得了假想的安全感，但是對不起，大組織的安全感在網路時代經常會遇到一種突如其來的它根本應對不了的大危機。

不信你去想一想，一家叫Nokia的公司，不可謂它的產品不好，不可謂它不以人為本，而且這麼多年來它也會應變。但是即使是這樣，幾乎沒有破綻的大公司在網路時代，居然被列入了兩年內被大家普遍判斷要崩潰的公司之列。

所以大公司一定是安全的嗎？未必。而你進入大公司要付出的代價呢？可能是人格的扭曲，可能是你只能處理大公司分給你的非常局部的事件，你所積累的經驗和人生價值是非常有限的。

你到一個小公司，你會發現你進去面對的是一個相對簡單的組織，你極有可能用很短的時間就站到某一個位置上，你面對一個大公司要很高職位才能面對的整個市場的問題。

比如說我的一個同學進到一家小型的創業公司，兩年之後就主管整個市場狀況，他們去開會的時候是跟那些大公司的市場部總監坐在一個桌上進行談判、開會的。

所以你面對的機會在大組織內可能是要十幾年、幾十年的時間才能夠擁有的那個機會。更何況，現在的資本市場的成長，很可能讓你在小公司裡面，比如說，你找到一家前景很好的小公司，沒準你會獲得一筆大大的期權。

早年間中國的那些傳奇的公司，百度、搜狐等等，要知道人家前台的工作人員，就是收快遞的那個人，一旦上市之後，那也是幾百萬、上千萬的期權的現金兌現。

在一個機會叢生的時代，為什麼我們不到小公司去獲得更多的機會呢？

04

現代社會的官僚系統

再說一件發生在第二次世界大戰中的小事。

二戰期間，匈牙利參加了德國一方，算是德國最主要的僕從國。那既然當了德國的小弟，就必須跟希特勒一起迫害猶太人，於是匈牙利幾乎所有的城市都正經八百地召開過市政會議，商定對付猶太人的策略。

其中有一條明確規定，猶太人只能在白天的某個時間才能使用公共浴室，而在匈牙利人使用的高峰期，猶太人是禁止進入的。此外，其他公共場合也都對猶太人的出入進行了嚴格的限制。

這件事本身沒什麼，當時的大環境就是這樣。但問題是，當時的整個匈牙利已經沒有猶太人了，所有的猶太人都被送到奧斯維辛等等集中營裡去了。而且這還是一件所有政府官員都知道的事情，也就是說，一群人在明知沒有猶太人的情況下，還在用極其認真負責的態度制定限制猶太人的策略。

這就奇怪了，他們為什麼這樣做？

答案有點荒謬，因為官僚主義。

對於每一個匈牙利官員來說，向自己的長官，向德國人表達自己的反猶太人的立場，是必須的；這種立場要落實在行動上，也是必須的。至於有沒有行動的對象，有沒有行動的結果，不重要。官僚主義最重要的後果就是——每個人只關注自己當前的目標和行動，至於這些行動堆在一起產生了什麼結果，他們管不著，也不想管。

過去，官僚主義在我們的話語環境中，都是一個貶義詞。但是今天，我們可以試著從中性的角度看看，官僚主義到底是什麼東西？

官僚主義，其實是現代社會的產物。現代社會的本質，是陌生人之間的大規模協作，來完成形形色色的任務。

那一大堆陌生人怎麼協作呢？只能把整體任務分拆成一個個的模塊。

所以，現代社會的圖景就是，每個人只幹一件自己很專業的事，他們甚至不知道自己做的這件事，最終會變成什麼事。

比如，波音公司是飛機製造商，它的一個工人可能知道一個零件是怎麼造的，但是他不知道整個飛機是怎麼回事。一個伐木工人，能熟練地砍倒一片森林，但是他不關心這些木頭是做了鉛筆，還是造了家具。

分拆的好處就是，社會財富大爆發。

但是這種社會分工的大分拆也帶來壞處，官僚主義就是這些壞處中的一種。每一個官僚只關注自己手頭的目的，看不到整個系統，所以產生了各種荒謬的結果。

但是，分拆的壞處遠遠不止於此，最極端的情況是——大屠殺。

還是說回來納粹德國是怎麼迫害猶太人的。

雖然希特勒一上台就大肆宣揚排猶主義，甚至在柏林還爆發了著名的「水晶之夜」，也就是對猶太人打砸搶。但這只是讓猶太人的生活慘了一點而已，基本上沒有人自發地、自覺地大規模殘殺猶太人。因為大多數人知道，我打了一個猶太人，頂多是幹壞事，但是我要主動去殺一個猶太人，那就是在作惡，文明不允許，心中的道德感也不允許。

那為什麼後來六百萬猶太人被殺呢？

因為德國後來組建了專門幹這事的官僚組織，叫「猶太專家局」。這個組織一成立，殘殺猶太人這件事立即就開始了有條不紊地推行。一個大目標被拆分成無數的小行動：哪些部門去做猶太人的人口普查；哪些人去沒收猶太人的財產；哪些人把猶太人送進集中營；哪些人最終把他們送進毒氣室……全部都有嚴密而細緻的分工。在這個殺人流水線上，沒有任何一個人需要對那麼大的悲劇負責。

就像那句名言說的——「在雪崩的時候，沒有一片雪花覺得自己是有責任的。」那你說怪誰呢？

怪希特勒嗎？其實直到現在還有人為希特勒辯護，說沒有見過希特勒簽發過屠殺猶太人的命令。他迫害猶太人的意圖是通過整個官僚系統逐漸放大，最後才變成大屠殺的，所以不能只怪希特勒。

那怪官僚系統裡的每一個具體的官員嗎？

有一個著名的例子，阿道夫．艾希曼，納粹德國的黨衛軍中校，他負責把整個歐洲的猶太人送進集中營。二戰結束後很久，到一九六〇年，艾希曼在阿根廷被以色列特工抓獲，然後押到耶路撒冷受審。

這個時候，法庭的旁聽席上有一個人，就是著名的哲學家漢娜．鄂蘭。在旁聽的過程中，鄂蘭發現艾希曼和輿論宣傳中的形象不同。在當時的輿論中，艾希曼被描繪成一個邪惡的殺人狂魔，但是鄂蘭現場一看，覺得艾希曼不像是一個惡棍。他是一個非常體面、冷靜、有教養，甚至說話還經常引用康德名言的人。對於他做的事，他覺得自己好冤枉，只是在執行上級命令，沒有屠殺猶太人，並沒有什麼愧疚感。

後來哲學家鄂蘭就此寫了一本著名的書，書名就叫《平凡的邪惡：艾希曼耶路撒冷大審紀實》，裡面提出了一個著名的概念，叫「平庸之惡」。

傳統上，我們認為一個邪惡的人是罪大惡極的人，處心積慮，陰險狡詐，滿腹陰謀，仇恨社會。但是鄂蘭說邪惡這東西，在現代社會完全可以是一個很平庸的東西，是一個很膚淺的狀態。許多的邪惡來自一個人渾渾噩噩地過日子，不在乎自己的身邊發生什麼，也不去思考自己的行為是什麼含義，不去反省自己的行為會造成怎麼樣的後果。就像納粹時期的很多普通德國人，外表上看他們只是遵守德國既有的法律，並且把法律的條文落實到位，但是這些德國人卻並不思考自己的行為到底意味著什麼。

而這種看似常見的不思考狀態，卻導致了無可彌補的巨大災難。所以，鄂蘭對這種平庸之惡作了一個本質性的判斷——不能思考。

那解藥呢？也很簡單，就是每一個人重新恢復思考。

什麼叫重新恢復思考？就是每個人都能超越自己眼下的目標、手頭的工作，在更高的維度上找到這件事的意義。這個事不僅在政治中存在，在日常工作中也能看到。

不久前，我見到了一位挺大公司的老闆。因為很熟，我就跟他抱怨，他們公司效率低下，經常犯一些很荒謬的錯誤，這是為什麼？那位老闆兩手一攤，說這麼大的公司，我也沒有辦法。他說：「你有沒有聽說過一段話？十個人的團隊，領導人衝鋒在前。一百個人的團隊，領導人選賢任能。一千個人的團隊，領導人運籌帷幄。一萬人的團隊，領導人聽天由命。」

這段話，就暴露了現代社會的基本難題。

一方面，我們在享受社會大分工帶來的繁榮；另一方面，我們又要和官僚體系、和平庸之惡、和分工帶來的不能思考，去搏鬥。

羅胖歷史書清單

1. 《讀歷史，我可以學會什麼？》（五十年重版出來經典版）
   - 威爾・杜蘭、艾芮兒・杜蘭 著
   - 二〇一六年，大是文化

2. 《四夷居中國：東亞大陸人類簡史》
   - 張經緯 著
   - 二〇一八年，中華書局

3. 《羅馬人的故事》
   - 鹽野七生 著
   - 二〇〇八年，三民

4. 《貨櫃與航運》
   - 馬克・萊文森 著
   - 二〇二一年，八旗文化

5. 《帝國定型：美國的一八九〇～一九〇〇》
   - 徐棄鬱 著
   - 二〇一七年，廣西師範大學出版社

6.《海權論：海權對歷史的影響》
●阿爾弗雷德·賽耶·馬漢 著
●二〇一四年，時代文藝出版社

7.《戰略大歷史》
●勞倫斯·佛里德曼 著
●二〇二〇年，商業周刊

8.《中國財政史十六講：基於財政政治學的歷史重撰》
●劉守剛 著
●二〇一七年，復旦大學出版社

9.《樞紐：三千年的中國》
●施展 著
●二〇一八年，廣西師範大學出版社

10.《平凡的邪惡：艾希曼耶路撒冷大審紀實》
●漢娜·鄂蘭 著
●二〇一三年，玉山社

我的歷史書清單

列下你未來半年的讀書清單吧！
羅胖，和你一起終身學習！

國家圖書館出版品預行編目資料

你可以沒實力，但要懂戰略：羅輯思維【歷史篇】/ 羅振宇 著；--初版.--臺北市：平安文化, 2022.04
面；公分. --(平安叢書；第712種)(我思；9)
ISBN 978-986-5596-71-2 (平裝)

1.CST: 世界史 2.CST: 思維方法 3.CST: 通俗作品

711　　　111002412

平安叢書第0712種

我思 09

你可以沒實力，但要懂戰略

羅輯思維【歷史篇】

《羅輯思維【歷史篇】》：文化部部版臺陸字第110374號；許可期間自111年4月1日起至116年3月31日止。

作　　者—羅振宇
發 行 人—平雲
出版發行—平安文化有限公司
台北市敦化北路120巷50號
電話◎02-27168888
郵撥帳號◎18420815號
皇冠出版社(香港)有限公司
香港銅鑼灣道180號百樂商業中心
19樓1903室
電話◎2529-1778　傳真◎2527-0904
總 編 輯—許婷婷
執行主編—平靜
責任編輯—蔡維鋼
行銷企劃—薛晴方
美術設計—兒日設計、李偉涵
著作完成日期—2020年
初版一刷日期—2022年04月

法律顧問—王惠光律師

讀者服務傳真專線◎02-27150507
電腦編號◎576009
ISBN◎978-986-5596-71-2
Printed in Taiwan
本書定價◎新台幣380元/港幣127元